위대한 쇼맨 바넘의
돈 잘 버는 20가지 법칙

돈을 어떻게 벌어요?

돈을 어떻게 벌어요?

위대한 쇼맨 바넘의 돈 잘 버는 20가지 법칙

펴낸날 2018년 10월 31일 초판 1쇄 펴냄 | **찍은날** 2018년 10월 31일 초판 1쇄 찍음 | **지은이** P. T. 바넘 | **옮긴이** 조성일 | **펴낸이** 이향원 | **펴낸곳** 소이연 | **전화** 070)7571-5328 | **주소** 경기도 고양시 덕양구 충장로152번길 39, 2002-604 | **등록** 제2012-000175호

ⓒ 소이연 2018, Printed in Seoul Korea

ISBN 978-89-98913-10-6 03320

값 11,800원

이 도서의 국립중앙도서관 출판예정도서목록(CIP)은 서지정보유통지원시스템 홈페이지(http://seoji.nl.go.kr)와 국가자료공동목록시스템(http://www.nl.go.kr/kolisnet)에서 이용하실 수 있습니다.(CIP제어번호: CIP2018033690)

위대한 쇼맨 바넘의
돈 잘 버는 20가지 법칙

돈을 어떻게 벌어요?

P. T. 바넘 지음
조성일 옮김

소이연

옮긴이 머리말

피니어스 테일러 바넘(Phineas Taylor Barnum, 1810 ~ 1891).

'위대한 쇼맨'이라는 수식어가 붙는 이 이름은 그다지 낯설지 않다. 그의 자서전《위대한 쇼맨》(아템포 펴냄)이 우리말로 번역돼 있고, 그를 주인공으로 삼아 영화는 물론 뮤지컬로 제작되기도 하였거니와, jtbc의 손석희 앵커가 '앵커 브리핑'에서는 그를 소개한 바가 있기 때문이다.

"그의 서커스도 경이롭지만, 바넘 그 자신이 가장 경이롭다"는 그와 교분을 나눴던 유머작가 마크 트웨인의 말처럼 바넘은 평생 쇼 비즈니스에 종사하며 기발한 아이디어로 돈 버는 데 탁월한 재주를 보여 주었다.

이 책《돈을 어떻게 벌어요?》는 그가 쓴《The Art of Money-Getting》을 우리말로 옮긴 것으로, 돈 버는 데뿐만 아니라 삶에도 활용하면 좋을 20가지의 지혜를 담고 있다.

그가 말하는 덕목이 결코 경이롭거나 새로운 것이 아니다. 우리가 이미 익히 잘 알고 있는 것들이다. 또한 100여 년 전에 활동하던 한 천재 사업가의 혜안이라고 해서 지금 결코 시대착오적거나 허황된 것들이 아니다. 여전히 현재성을 갖고 있다. 그런데 문제는 우리가 실천하지 않는다는 사실이다.

이 책은 크게 두 부분으로 되어 있다. 앞에는 '돈 잘 버는 법', 뒤에는 그의 짧은 전기를 담았다. 원전의 원고량이 한 권으로 묶기에는 많이 부족하여 고민하다 그의 짧은 전기를 함께 싣는 것도 의미가 있겠다 싶었다. 돈 잘 버는 법을 말하는 사람의 삶을 알면 훨씬 더 생생하게 와 닿을 것 같아서였다.

번역문이 다소 거칠더라도 옮긴이의 능력 부족의 탓으로돌리고 너그럽게 양해와 질책을 부탁한다.

모쪼록 이 책이 오늘을 살아가는 우리들에게 실질적인 도움이 되어 모두 부자가 되었으면 하는 바람이다.

2018년 10월

옮긴이 조성일

차례

돈 잘 버는 법

땅덩어리가 넓은 미국에서는 건강한 사람이라면 돈 버는 일이 어렵지 않다. 돈 벌 수 있는 새로운 분야가 널려 있기 때문이다. 사람들이 별로 관심을 가지지 않은 직업들이 많을 뿐만 아니라 남녀 불문하고 누구든 잠시라도 기꺼이 일하려 한다면 수익성 좋은 일자리도 구할 수 있다.

자립할 수 있을 만큼 돈을 벌고 싶다면, 성취하는 데 필요한 적절한 수단을 채택하여 맘먹고 일하면 쉽게 이루어진다.

돈 벌기는 쉽다. 하지만 돈을 지키는 것이 세상에서 가장 어렵다. 벤저민 프랭클린은 "부의 길은 방앗간 가는 길처럼 평평하다"고 했다. 그런데 사람들은 부를 지키는 것에 돈 버는 것보다 노력을 적게 들인다. 그것은 매우 단순한 문제처럼 보인다.

작가 찰스 디킨스의 소설에 나오는 작중 인물 중에 '미코버'라고 있다. 그는 연간 20파운드를 벌면서 20파운드 6펜스를 쓰는 것은 가장 멍청한 인간이 되고, 19파운드 6펜스를 소비하는 것은 가장 행복한 인간이 된다고 말한다.

많은 독자들이 얘기한다. 우리도 나중 것을 절약이라고 이해한다고. 절약이 부(富)라는 것을 안다. 우리는 돈을 다 쓰지 말고 남겨야 한다는 것을 안다. 그런데 내가 보기에 사람들은 다른 어떤 것보다 이 점을 간과해서 실패한다.

사실, 많은 사람들은 절약이 무엇인지 제대로 이해하고 있다고 생각한다. 하지만 우리는 진정한 절약의 원칙이 무엇인지 제대로 이해하지 못한 채 살아간다. 어떤 사람은 이렇게 말한다.

"저는 수입이 아주 많은데, 이웃도 저와 수입이 비슷합니다. 그런데 이웃은 매년 재산이 늘어나는데 비해 저는 쓰기에도 부족합니다. 왜 그럴까요? 저도 절약하고 있거든요."

그는 절약한다고 생각하지만, 사실은 절약하지 않고 있다. 사람들은 절약이 치즈 조각과 촛동강 같은 것을 아껴 쓰고, 세탁비를 2펜스 깎고, 온갖 자질구레하고 지저분한 일을 하는 것이라고 생각한다. 절약은 인색함이 아니다.

또한 이런 사람들은 절약이 오로지 이런 것이라고만 외골수로 생각하는 경향이 있다. 그들은 2펜스짜리 물건을 반 페니 깎고는 무슨 대단한 절약이라도 한 것처럼 생각하고 다른 데에서는 돈을 물 쓰듯 한다.

석유가 없었을 때, 한 농가에서 하룻밤을 묵는다고 해보자. 농가에서 아주 맛있는 저녁을 먹은 후 거실에 촛불을 켜 놓고 책을 읽으려고 한다. 하지만 촛불 하나로 책 읽기는 어림도 없다. 그래서 이러지도 저리지도 못하고 있는 식객을 보고 안주인이 이렇게 말한다.

"여기서 저녁에는 책읽기가 어려워요. 속담에 '양초 두 개를 켜려면 배 한 척을 갖고 있을 만큼 부자여야 한다'는 말이 있죠. 우리는 특별한 경우가 아니고는 양초 한 개를 더 켜지 않아요."

아마도 특별한 일은 일 년에 두어 번 있을 것이다. 이런 식으로 알뜰한 주부는 1년에 5, 6달러 나아가 10달러까지 아낀다. 그런데 초를 하나 더 켜고 책을 읽어서 얻게 되는 정보는 양초 한 트럭보다 훨씬 더 많을 터인데 말이다.

하지만 문제는 여기서 끝나지 않는다. 그 주부는 수지 양초를 아낀 것을 큰 절약이라고 느껴서인지 자주 마을 가게에 가서 리본과 옷단 장식들을 사는데 20, 30달러를 쓴다.

이러한 허황된 착각은 많은 사업가에게서도 볼 수 있다. 사업가의 경우 사무용지 절약 같은 것에서 종종 나타난다. 사용했던 봉투와 용지들을 버리지 않고 모두 모아서 재활용하기 때문에 웬만해선 새 종이 뭉치 포장을 뜯지 않는다. 이런 습성은 아주 좋은 일이다. 종이 재활용만으로 그들은 일 년에 5내지 10달러를 절약한다. 하지만 그들은 이런 것들에서 매우 절약했다고 생각해서인지 시간을 낭비하고, 호화 파티를 열고, 마차를 타도 된다고 생각한다.

이런 행동을 프랭클린은 "하나를 얻다 백을 잃는다" 또는 "소탐대실"이란 말로 표현했다. 펀치(풍자만화_옮긴이)는 이렇게 하나밖에 모르는 부류의 사람을 두고 다음과 같이 풍자했다.

"저녁 장을 보러가서 1센트짜리 청어를 사고 사두마차를 빌려 타고 집으로 간다."

나는 이런 식으로 절약하여 성공한 사람을 결코 보지 못했다.

진정한 절약은 지출보다 수입이 항상 많도록 하는 것이다. 필요하다면 헌 옷을 좀 더 입고, 새 장갑을 사지 말고, 낡은 옷을 수선해서 입는다. 필요하다면 소박한 음식을 먹는다. 그렇게 하면 예기치 못한 사고가 일어나 돈이 많이 들어가지 않는한 자금에 여유가 생길 것이다. 여기서 1페니 저기서 1달러를 아껴 모은 돈에 이자가 붙으며 계속 쌓이면 원하는 결과를 얻을 수 있다. 이런 절약을 실천하기 위해서는 약간의 훈련이 필요하다. 그러나 일단 이런 절약에 익숙해지면, 무분별한 소비보다 합리적인 절약에 더 만족한다는 점을 알게 된다.

낭비벽을 고치는데 아주 효율적인 방법 하나를 소개하겠다. 특히 잘못된 절약법을 고치는데 효과적이다.

꽤 많은 돈을 벌었음에도 연말이 되면 남은 돈이 별로 없다면 장부책을 만들어 모든 지출 항목을 기록해보라. 종이를 두 칸으로 나누어 칸의 맨 위에 한 칸은 '필수품'(편의 용품도 포함), 다른 한 칸은 '사치품'이라고 항목을 적어 넣는다. 그리고 매일 또는 매주 그 지출 항목을 기록한다. 사치품이 필수품보다 두서너 배, 어떤 때는 열 배가 넘은 경우가 있는데, 그 횟수가 잦을 것이다.

살면서 편안함을 추구하려면 돈이 들 수밖에 없지만, 수입의 아주 작은 부분을 차지해야 한다. 이에 대해 프랭클린 박사는 이렇게 말했다.

"우리를 망치는 것은 우리 자신의 눈이 아니라 다른 사람의 눈이다. 만약 이 세상에 나를 제외하고 모두 장님이라면 옷이나 가구가 좋든지 말든지 굳이 상관하지 않는다."

부유한 사람들이 죽어라 일하는 것은 세상의 평판이 두려워

서다. 미국 사람들은 "우리는 모두 자유롭고 평등하다"라는 말을 자주 한다. 하지만 그 말은 여러 면에서 들어맞지 않는 경우가 많다. 우리가 "자유롭고 평등하게" 태어났다는 것이 어떤 의미에서는 위대한 진리이다. 하지만 모두 똑같이 부유하게 태어났다는 것이 아니다. 결코 그렇게 되지도 않는다.

어떤 사람이 이렇게 말한다.

"내가 아는 어떤 사람의 연봉이 5만 달러인데 반해 나는 고작 단돈 천 달러를 번다. 나는 그가 나처럼 가난뱅이이었다는 사실을 안다. 지금 그는 부자인데, 나보다 훨씬 능력이 있다고 생각한다. 나도 그와 다름없는 능력자임을 보여주어야겠다. 말과 마차를 사야겠다. 아니, 그럴 수는 없다. 다만 오늘 오후에 마차를 빌려 그가 다니는 길을 지나다니며 내가 그와 다름없다는 것을 보여줄 것이다."

친구여, 그렇게까지 고민할 필요가 없다. 당신이 "그와 다름없다"는 것을 보여주기는 쉽다. 그와 똑같이 행동하기만 하면 된다. 하지만 당신이 그처럼 부자라는 것을 아무에게도 믿게 할 수는 없다. 반면에 시간과 돈을 낭비하며 젠체한다면, 외모를 가꾸는 모든 것에 비례해서 불쌍한 아내는 집에서 손가락을 빨고 있어야 하고, 차(茶)를 한 번에 2온스씩밖에 살 수 없다. 하지만 결국은 아무도 속이지 못한다.

또한 스미스 부인은 이렇게 말했다. 이웃집 부인이 존슨 씨의 돈을 보고 결혼했다고. 존슨 부인은 천 달러짜리 멋진 낙타털 숄을 가지고 있다. 그래서 스미스 부인은 모조품 숄을 사서 입고는 존슨 부인과 같은 숄을 입고 있다는 것을 보여주기 위해 교회 예배당으로 가서 존슨 부인 바로 옆자리에 앉는다. 불쌍한 여인이여, 허영과 질투가 그토록 심해서 어떻게 돈을 벌 수 있겠는가?

다수결의 원칙을 믿는 이 나라에서, 패션에 관해서만은 이 원칙을 무시해야 한다. 스스로 부자라고 여기는 소수의 사람들이 이상적인 삶의 기준을 세우고, 우리는 그 잘못된 기준에 맞추느라 헉헉댄다. 외모를 가꾸기 위해 모든 시간을 투자하는 꼴이 된다. "자신에게 맞는 규칙"을 세우고, "수입을 고려한 지출"을 하고, "어려움에 대비해 저축"한다고 말하는 것이 얼마나 현명한가.

다른 어떤 일에서와 마찬가지로 돈 버는 일에서도 분별력이 있어야 한다. 콩 심은 데 콩 나고 팥 심은 데 팥 난다. 가난으로 이어지는 길을 택해서는 돈을 모을 수 없다. 어려운 때를 생각하지 않고 자기 맘대로 돈을 쓰는 사람은 결코 금전적 문제에서 자유로워질 수 없다는 점은 굳이 말하지 않아도 안다.

일시적인 기분과 변덕을 즐기는 데 익숙한 사람들은 처음에는 불필요한 지출을 줄이는 것이 어렵다고 느낄 수 있다. 살던 집보다 싸구려 가구가 있는 더 작은 집에서, 친구도 없이, 싸구려 옷을 입고, 하인의 수도 줄이고, 무도회나 파티, 극장가기, 마차 타기를 줄이고, 담배나 술도 줄이는 등 사치스런 행동을 줄이는 것이 굉장한 자기 부정이라고 느낄 수 있다.

그러나 적은 양의 비상금을 모아 이자를 받거나 부동산에 투자하려는 계획을 시도해보라. 이 과정에서 절약하는 습관이 생길 뿐만 아니라 작은 '비상금'이 지속적으로 쌓이는 즐거움이 놀랄 만큼 크다. 옷과 보닛(테 없는 모자–옮긴이), 드레스가 낡았다고 해도 내년에 입을 수 있다. 크로톤이나 샘물이 샴페인보다 맛이 더 좋고, 냉수욕을 하고 산책하는 것이 화려한 마차를 타는 것보다 더 신나 보일 수 있다.

이웃과 사교 대화, 저녁에 가족들과 책읽기, 슬리퍼 찾기, 숨바꼭질을 1시간 하는 것이 5천 달러나 500달러짜리 파티보다 훨씬 더 즐거울 수 있다. 이때 저축의 기쁨을 알기 시작하는 사람들은 비용 차이에 대해 고민한다.

평생을 가난하게 사는 사람들보다 평생 먹고살 돈을 벌었다가 이곳저곳에 돈을 펑펑 쓰다가 한순간에 빈털터리가 되는 사람들이 더 많다. 일 년에 2만 달러나 그 이상을 쓰면서도 생활비를 줄이는 방법을 거의 알지 못하는 가정이 있는가 하면 그 양의 20분의 1을 쓰고도 더 많은 즐거움을 얻는 가정이 있다.

부자, 특히 졸부는 재난보다 더 심한 시련이다. "쉽게 얻은 것은 쉽게 잃는다"는 오래된 명언이 시사하는 바가 크다. 자부심과 허영심이 완전히 지배하도록 놔두면 인간의 세속적인 재산을 모두 갉아먹는 깡통벌레가 된다. 처음에 몇 마리였던 깡통벌레는 수백, 수백만 마리가 된다. 많은 사람들은 돈을 벌기 시작하면서 이것저것 사치품을 소비하기 시작하는데, 이내 수입보다 지출이 더 많게 되어 결국 외모를 치장하려는 우스꽝스러운 사치로 망한다.

내가 아는 한 재산가는 돈을 벌기 시작했을 때 아내가 우아한 새 소파를 들여놓겠다고 했다면서 이런 말을 했다.

"그 '소파'가 3만 달러짜리였답니다. 소파를 들여놓자 이번엔 소파와 어울릴 의자들이 필요하게 되었지요. 그래서, 이를 테면, 의자와 어울리는 장식장, 카펫, 탁자 등등 모든 가구를 바꾸어야 했습니다. 그렇게 하자 마침내 집이 가구에 비해 너무 작고 낡았다는 생각이 들었어요. 그래서 새로 산 물건들에 맞추어 새 집을 지었지요. 이렇게 하다 보니 합 3만 달러가 지출되었습니다. 단지 소파 하나에서 시작된 구색 맞추기가 급기야 하인과 마차와 체면 유지를 위한 비용으로까지 이어져 연간 지출이 1만1천 달러가 되었습니다. 그것도 긴축해서 그 정도였어요. 반면, 10년 전에는 몇 백 달러를 썼지만 지금보다 훨씬 더 큰 편안함을 누리며 살았는데, 신경 쓸 일이 많지 않았기 때문이랍니다."

그러면서 그는 이어서 진실은 이랬다고 말했다.

"그 소파가 나를 불가피하게 파산에 이르게 했을 수도 있었습니다. 전례 없는 졸부 타이틀을 갖게 된 내가 남의 이목을 끌고 싶은 자연스런 욕구를 억누르지 않았다면 말입니다."

인생에서 성공의 토대가 되는 것은 건강이다. 건강은 부의 밑거름이며, 또한 행복의 근본이다. 사람들은 아프면 돈을 잘 모으지 못한다. 아픈 사람은 돈을 모을 생각도, 여유도, 기력도 없다. 건강이 나쁜 사람은 돈 버는 데 도움이 되지 않는다. 그런 사람은 부를 축적할 수 없다. 그런데 건강한 체질을 갖고 있으면서 건강을 지키지 못하는 사람들이 아주 많다.

인생에서 건강이 성공과 행복의 근본이라면, 건강 규칙에 관심을 갖는 것이 얼마나 중요한지 모르겠다. 그것은 곧 또 다른 자연법칙이다. 자연법칙에 따르면 따를수록, 건강은 더욱더 좋아지게 마련이다. 그럼에도 많은 사람들이 자연법칙에는 관심이 없다. 그들은 타고난 성향까지 거스르면서 자연법칙을 어긴다. 자연법칙은 결코 '무지의 죄'를 눈감아주지 않는다. 자연법칙을 거스르면 반드시 그 대가가 있다. 어린아이는 불이 타오르는 줄도 모르고 손가락을 불 속에 집어 넣을 수 있다. 그 결과 데여서 후회하고 나서야 지혜를 얻는다.

우리 조상들은 환기의 원리를 거의 알지 못했다. 그들은 '독한 진'에 대해서는 잘 알고 있었지만 산소에 대해서는 거의 알지 못했다. 그래서 조상들은 집을 지을 때 7x9피트짜리 작은 침실을 만들었다. 이 훌륭한 옛 청교도들은 이 작은 방에 갇혀 기도하고 잠자리에 들곤 했다. 아침에 일어나 그들은 '밤새 안녕'에 감사해 했다. 어느 누구도 이보다 더 좋은 감사의 이유를 찾지 못했다. 아마도 창문이나 문에 생긴 갈라진 틈으로 새어 들어온 신선한 공기가 그들을 구했을 것이다.

많은 사람들은 외모를 가꾸기 위해 고의로 자연법칙을 위반한다. 예를 들어, 징그러운 벌레 말고는 아무도 천성적으로 좋아하지 않는 것이 있다. 그것은 바로 담배이다. 그런데 일부러

식욕을 부자연스럽게 단련하여 담배에 대한 고착된 혐오감을 극복하고 담배를 좋아하는 경지에 이르는 사람들이 얼마나 많은지. 그들이 독하고 더러운 잡초를 잡겠지만 나중에는 외려 담배가 그들을 단단히 붙잡아 두는 형국이 된다. 결혼한 흡연자들은 카펫과 마루뿐만 아니라 때로는 아내에게까지 담배 때문에 갈색으로 변한 침을 튀긴다. 그들은 술에 취한 사람처럼 아내를 집 밖으로 내쫓지는 않는다. 그러나 아내들은 집 밖으로 나가기를 바란다고 나는 믿어 의심하지 않는다.

또 다른 위험한 특징은 질투처럼 '할수록 증가'하는 인위적인 욕구이다. 반본능적인 것을 좋아하게 되면, 해롭지 않은 것에 끌리는 본능적인 욕구보다 해를 주는 것에 더 강한 욕구를 느낀다. 가령, 씹는담배를 오래 피워온 사람은 '씹는담배'에 대한 사랑이 음식에 대한 사랑보다 크다. 애연가는 고기 구워먹는 것을 포기하는 것이 담배를 포기하는 것보다 쉽다.

젊은이들은 어른이 아니라는 것을 애석해 한다. 어른들은 아이들을 잠자리에 들게 하고 뭔가를 한다. 그래서 아이들은 어른들의 나쁜 습관을 따라서 모방한다. 아버지와 삼촌이 파이프 담배를 피우는 것을 보고 자란 어린 토미와 조니는 이런 말을 주고받았다.

"우리도 담배만 피울 수 있으면 당연히 어른이야. 조니 아저 씨가 담배 파이프를 두고 갔는데, 우리도 한 번 피워보자."

그들은 담배에 불을 붙여 빠끔빠끔 피운다. 토미가 묻는다.

"우리도 담배 피우는 법을 배우게 될 거야. 조니, 담배 어때?"

조니가 대답한다.

"좋지 않아. 너무 써."

조니는 점차 얼굴이 창백해진다. 그렇지만 조니는 담배를 입에서 떼지 않고 곧 유행의 제단에 제물이 된다. 아이들은 꾹꾹 참아가며 계속 담배를 빨아대다 마침내 본능적인 거부감을 이겨내고 인위적으로 습득한 담배 맛의 희생자가 된다.

내가 자신 있게 이런 말을 하는 것은 나 스스로 그렇게 해본 경험이 있기 때문이다. 나는 그렇게 시작하여 하루에 10개비 내지 15개비의 시가를 피울 정도로 습관이 되었다. 비록 14년 전에 담배를 끊어서 다시 피우지는 않지만 말이다. 사람들은 담배를 피우면 피울수록 점점 더 피우고 싶어 한다. 마지막 한 대의 담배가 한 대만 더 하는 욕구를 끊임없이 자극한다.

씹는담배를 즐기는 사람을 예로 들어보자. 아침에 일어나면 그는 입 속에 씹는담배를 넣고 새 것으로 바꾸거나 밥 먹을 때를 제외하고 온종일 질겅거린다. 낮이고 밤이고 틈만 나면 질겅거리는 그는 오랜 시간 술을 마셔야 할 때도 언제든지 씹을 수 있도록 충분한 양을 항상 가지고 다닌다. 그런 일상이 계속 반복된다. 이것은 술에 대한 욕구보다 담배 욕구가 더 강하다는 것을 증명한다.

담배 피우는 사람이 집을 방문하자 포도밭과 과일 창고, 그리고 아름다운 정원을 보여준다고 해보자. 그때 당신은 그에게 신선하고 잘 익은 과일을 주면서 말한다.

"친구여, 맛있는 사과와 배, 복숭아, 살구라네. 그 과일들은 스페인, 프랑스, 이탈리아에서 수입한 것이라네. 저 달콤한 포도들 좀 봐. 잘 익은 과일보다 더 맛있고 건강에 좋은 것은 없다네. 이 과일 좀 먹어보게."

혀 밑에서 씹는담배를 굴리면서 친구가 대답한다.

"고맙지만 나는 지금 씹는담배를 먹고 있어."

그는 담배로 인해 미각을 잃었다. 섬세하고 달콤한 과일 맛을 못 본다. 이는 어른들이 얼마나 쓸데없는 데 돈을 들여가며 해로운 습관을 갖게 되는지를 보여준다. 경험에서 한 말이다.

나는 아스펜 잎사귀처럼 손이 떨릴 때까지 담배를 피웠다. 피가 머리 위로 솟구쳤고, 심장질환이라고 생각되는 심장발작을 일으켰다. 거의 죽을 뻔했다. 주치의에게 문의했더니, 담배를 끊으라고 했다. 나는 많은 돈을 써서 결국은 건강을 해치는 나쁜 사례를 보인 셈이다. 나는 주치의의 권고를 받아들일 수밖에 없었다. 세상 어떤 젊음이 15센트짜리 시가나 담배 파이프보다 더 아름답지 않겠는가!

담배보다 10배 더 나쁜 것이 알코올 중독이다. 돈을 벌기 위해서는 현명한 두뇌가 필요하다. 사람들은 2 더하기 2는 4라는 사실을 안다. 돈을 벌려면 계획을 점검하고 미리 생각해야 한다. 그리고 모든 세부 사항 및 사업 내용을 면밀히 검토해야 한다. 계획을 세울 수 있는 두뇌가 없다면 그리고 그 계획을 실천하지 못한다면 아무도 사업을 성공시킬 수 없기 때문이다. 아무리 좋은 두뇌를 타고났다 하더라도 술에 취해 뇌가 혼란스럽고 판단이 흐리멍덩해진다면 사업을 성공적으로 진행하는 것은 불가능하다. 친구와 '우정으로' 술 한 잔 마시는 동안 얼마나 많은 좋은 기회가 날아갔는가. 그 기회는 다시는 돌아오지 않는다. 일시적으로 자신을 부자라고 착각하게 만드는 '신경안정제'의 영향으로 얼마나 많은 어리석은 거래가 이루어졌는가. 술잔이 시스템을 무기력한 상태로 만드는 바람에 사업 성공에 필수적인 에너지를 무력화시켜서 얼마나 많은 중요한 기회들이 내일로 그리고 영원히 연기되었는가. 참말로 '술은 훼방꾼'이다. 술을 음료처럼 마시는 것은 중국인들이 아편을 피우는 것만큼이나 나쁘다. 술은 아편처럼 사업가들의 성공에 해를 끼친다. 그것은 철학이나, 종교나 어떤 입장에서 살펴본다고 해도 변명의 여지가 없는 악이다. 우리나라에서 술은 거의 모든 악의 근원이다.

1. 천직을 찾아라

인생을 시작하는 젊은이가 분명하게 확신할 수 있는 성공적인 계획은 적성에 잘 맞은 천직을 고르는 일이다. 부모나 후견인은 종종 적성을 소홀히 한다. 가령, 아버지들은 대개 이런 말을 한다.

"나는 다섯 아들을 두고 있다. 빌은 목사, 존은 변호사, 톰은 의사, 그리고 딕은 농부로 키울 것이다."

그리고 나서 아버지는 막내 새미와 함께 시내로 가서 할 일이 있는지 알아본다. 아버지는 집에 돌아와 이렇게 말한다.

"시계수리공이 아주 근사하더구나. 너는 금세공사가 되거라."

새미는 자신의 소질이나 재능과는 관계없이 이 일을 한다.

우리가 좋은 목적을 갖고 태어났음은 의심할 것 없다. 두뇌는 얼굴 표정만큼이나 다양하다. 천부적인 기계공이 있는가 하면 기계라면 질색하는 사람이 있다. 열 살짜리 아이들을 여럿 모이게 해서 살펴보면, 두서너 명이 기발한 장치를 깎고 발사장치나 복잡한 기계를 갖고 노는 것을 보게 된다. 이 아이들이 단지 다섯 살만 되어도 퍼즐만한 장난감이 없다는 것을 아버지는 발견하지 못한다. 반면에 나머지 여덟아홉 명은 다른 소질을 타고난다. 나는 후자에 속하는데, 기계라면 질색하였다. 더욱이 나는 복잡한 기계라면 학을 띨만큼 혐오감을 갖고 있다. 오죽하면 나는 사과주스 병마개 하나 깎지 못했다. 나는 갖고 쓸 연필 한 자루 깎지 못했고, 증기기관의 원리조차 이해하지 못했다. 만약 어떤 사람이 나 같은 소년을 데려가서 시계수리공을 시킨다면, 5년이나 7년쯤 견습하면 시계 분해조립은 할 수 있다. 하지만 소년은 평생 그 일을 하면서 언제나 이 일을 그만둘까 고민하다 허송세월을 보내게 된다. 시계수리공이란 직업은 그에게 천덕꾸러기이다.

천성적으로 타고난 소질과 독특한 재능에 잘 들어맞지 않는 한, 그는 성공할 수 없다. 나는 다행히도 대다수의 사람들이 자신에게 알맞은 천직을 찾았으리라 믿는다. 그렇지만 우리는 대장장이에서 목사에 이르기까지 천직을 잘못 선택한 수많은 사

람들을 보아왔다. 가령, 언어에 특별한 소질이 있어 언어 교사
가 되어야 할 사람이 대장장이 일을 배운다거나 모루(대장장이)
나 무릎돌(제화공)에 더 적합한 소질을 갖고 있는 사람이 변호사
나 의사가 되는 것을 수없이 보아오지 않았던가.

2. 적당한 위치를 찾아라

알맞은 천직을 찾은 다음에는 적당한 위치를 찾는데 심혈을 기울여야 한다.

당신은 호텔 지배인에 적격이라고 해보자. 그 자리는 '호텔 관리법'을 잘 아는 재능이 요구된다. 당신은 호텔을 시계장치처럼 유기적으로 운영하고, 매일 투숙하는 500명의 고객에게 만족감을 제공할 수 있다. 그런데 만약 철도나 대중교통 수단이 전혀 없는 작은 시골 마을에 호텔을 짓는다면? 위치가 사업을 망친다.

동종 업종이 이미 모든 수요를 충족시키기에 충분한 곳에서는 사업을 시작하지 않는 것도 마찬가지로 중요하다. 이 주제를 설명해주는 좋은 예를 하나 떠올려보자. 1858년 런던에 있을 때다. 나는 영국 친구와 함께 홀본을 지나가다 '1페니 쇼'를 보게 됐다. 바깥에 엄청나게 큰 그림을 걸어놓았는데, '단돈 1페니'에 온갖 것을 다 보여준다며 호기심을 한껏 자극하는 그림이 그려져 있었다. 잠시 쇼 업계에 종사했던 터라 나는 일단 들어가 보자고 했다. 우리는 곧 그 유명한 쇼맨 앞에 서게 되었다. 그리고 곧바로 저명한 쇼맨을 발견했다. 그는 내가 공연 업계에 종사하면서 만나본 쇼맨 중에 가장 예리한 사람임을 알 수 있었다. 그는 우리에게 수염 달린 숙녀와 백피증에 걸린 사람, 아르마딜로(아메리카대륙에 사는 가죽이 딱딱한 동물_옮긴이)에 관한 특별한 이야기를 해주었다. 그 이야기를 믿기는 어려웠지만 잘못됐다는 증거를 찾기보다 믿는 편이 더 낫겠다는 생각이 들었다. 그는 마침내 우리더러 몇몇 밀랍인형에게 관심을 가져달라고 간청했고, 상상 그 이상으로 가장 더럽고 지저분한 밀랍인형들을 보여주었다. 밀랍인형들은 물난리 이래 물이라곤 구경조차 못해본 모습이었다.

"밀랍인형이 뭐 그리 멋진가요?"라고 내가 물었다.

그는 대답했다.

"비아냥거리지 말아주십시오. 보시오, 판화나 사진을 본떠서 금이나 주석, 모조 다이아몬드로 덧씌운 마담튀소(Madam

Tussaud, 밀랍인형 전시관_옮긴이) 밀랍인형들과는 비교가 안 됩니다. 이 밀랍인형들은 실물을 본뜬 것입니다. 이 인형들을 볼 때마다 살아있는 사람을 보는 것 같다는 생각이 들지 않습니까?"

밀랍인형들을 대충 훑어보다 나는 '헨리 8세'라는 라벨이 붙은 인형을 발견했다. 그 인형은 살아 있는 해골바가지인 캘빈 에디슨을 닮았다는 생각이 들어 호기심이 발동했다. 그래서 나는 물었다.

"저 인형이 헨리 8세인가요?"

그가 대답했다

"분명합니다. 그 당시 헨리 8세의 특별 명령으로 햄프턴 코트에서 실물을 본떴습니다."

내가 그의 얘기를 무시하면 그는 그날 온종일이라도 설명을 늘어놓을 것 같았다. 나는 물었다.

"헨리 8세가 엄청 늙은 뚱보 왕이라는 사실을 모든 사람이 다 압니다. 그런데 이 인형은 호리호리합니다. 여기에 대해 뭐라고 말하겠소?"

그는 대답했다.

"만약 그처럼 오래 앉아 있으면 당신도 호리호리해질 거요."

나는 그의 말솜씨를 당해낼 재간이 없었다. 나는 영국친구에게 말했다.

"나갑시다. 그에게 내가 누구인지 말하지는 말게. 내가 흰 꽁지깃(white feather, 투계의 흰 꽁지깃은 싸움에 졌다는 표시_옮긴이)을 보였어. 그가 나를 혼쭐내는군."

떠나는 우리를 문밖까지 따라 나온 그는 우리를 가리키며 거리에 있는 사람들을 향해 이렇게 외쳤다.

"신사 숙녀 여러분, 이 분들이 극장에 들어온 존경할만한 관객분이십니다."

나는 며칠 후 그를 다시 방문해 내가 누구인지를 말했다. 그리고 이렇게 말했다.

"보시오, 당신은 정말로 뛰어난 쇼맨이오. 하지만 위치를 잘못 잡았소."

그러자 그가 물었다.

"선생, 그 말이 맞소. 재능을 허비하고 있다는 생각이 드오. 어떻게 해야겠소?"

나는 대답했다.

"미국으로 가시오. 그곳으로 가서 재능을 맘껏 뽐내보시오. 미국에서 기회를 많이 찾을 것이오. 내가 당신 일을 2년간 보아주겠소. 그러면 2년 후에 당신 혼자서도 잘 할 수 있을 거요."

그는 내 제안을 받아들였고, 2년 동안 뉴욕 뮤지엄에서 일했다. 그러고 나서 그는 뉴올리언스로 가서 여름 내내 순회 쇼 비즈니스를 했다. 오늘날 그는 6만 달러의 사나이가 되었다. 그의 성공 비결은 단순하게 말해 잘 맞는 천직과 적당한 위치를 찾았기 때문이다.

속담에 "세 번 이사하는 것은 불나는 것처럼 나쁘다"는 말이 있다. 하지만 이미 불 속에 있는 사람이라면 자주 빈번하게 이사하는 것은 당연하다.

3. 빚지지 마라

인생을 시작하는 젊은이라면 절대로 빚은 지지 말아야 한다. 빚만큼 사람을 구렁텅이로 빠뜨리는 것은 없다. 빚지면 비굴해진다. 십대에 빚의 구렁텅이에서 빠져나오지 못하는 젊은이들이 얼마나 많은가. 외상으로 옷을 샀던 일을 떠올려 보라.

젊은이는 옷이 자신에게 많은 것을 해 준다고 생각하는 것 같다. 글쎄, 종종 그렇긴 하지만, 만약 외상을 지고 갚고 또 지고 갚고를 반복하다보면 평생 가난에서 허덕이게 하는 습관이 된다. 빚은 자존감을 박탈하고 자신을 경멸하게 만든다.

먹고사는 비용을 마련하느라 죽는 소리를 해가며 일을 해도, 돈을 갚으라는 요구를 받아도 당장 빚 갚을 돈이 없다. "죽은 말 값을 갚으려고 일하는 것"과 다를 바 없다. 외상으로 거래하는 상인이나 수익을 내기 위해 외상으로 물건을 사들이는 사람들을 말하는 것이 아니다. 늙은 퀘이커교도가 자식에 말했다.

"존, 절대 외상으로 사지 마라. 어쩔 수 없이 외상으로 샀다면 그걸 밑거름으로 삼아라. 그래야만 그걸 되갚는 데 도움이 된다."

비처(Harriet Beecher Stowe,《톰 아저씨의 오두막》 저자_옮긴이) 는 시골 마을에 살 때에는 어느 정도 빚을 져도 괜찮다고 조언했다. 그는 말했다.

"만약 젊은이가 땅을 사고 결혼하느라 빚을 진다면 이 두 가지는 그를 바로 나가게 해준다. 다른 것은 없다."

빚지는 것이 어느 정도까지는 괜찮지만, 먹고 마시고 입는 것으로 빚지는 것은 피해야 한다. '가게'에 외상을 지는 나쁜 습관을 가진 가정은 쓸데없는 물건을 사느라 낭비하기 일쑤다.

"60일 동안 쓰기로 하고 돈을 빌렸는데, 갚을 때가 되어 내게 돈이 없어도 빚쟁이는 그것을 대수롭지 않게 생각한다"라고 말할 수도 있다. 세상에는 빚쟁이만큼 기억력이 좋은 사람이 없다. 60일 만기가 되었을 때 빚은 반드시 갚아야 한다. 갚지 않으면 약속을 어기고 아마도 거짓말을 해야만 한다. 핑계를 대거나 다른 곳에서 빚을 얻어야 한다. 그럼 점점 더 빚의 수렁에 빠지게 된다. 잘 생겼지만 게으른 호레이쇼라는 젊은 견습생이 있었다. 그의 고용주가 말했다.

"호레이쇼야, 달팽이를 본 적 있니?"

"어~ 아마 본 것 같은 데요!"

호레이쇼가 느릿느릿 대답했다. 그러자 고용주가 말했다.

"너는 꼭 만났을 거야. 내가 보기에 너는 달팽이를 앞질러본 적이 없어."

빚쟁이는 당신을 만나거나 앞질러서 말할 것이다.

"젊은 친구, 돈 갚기로 해놓고 아직 갚지 않았어. 각서를 써줘."

당신은 이자를 내겠다고 각서를 써주면 그 각서는 걸림돌로 작동하기 시작한다. 그게 바로 헛돈을 쓰는 것이 된다.

빚쟁이는 잠을 자는데, 아침에 일어날 때가 저녁에 잠자리에 들 때보다 더 낫다. 왜냐하면, 밤에 이자가 붙기 때문이다. 그래서 잠자는 동안 당신은 이자가 점점 더 불어나 더 가난해진다.

돈은 어떤 면에서는 불과 같다. 매우 훌륭한 하인이지만 끔찍한 주인이 될 수 있다. 당신이 그 불을 가지고 무진 애를 쓴다고 해도 이자가 크게 불어나 당신을 최악의 노예로 전락시킬 수 있다.

그러나 돈이 당신에게 도움이 되게 하여야 한다. 그러면 당신은 세상에서 가장 헌신적인 하인을 가질 것이다. 그 하인은 "주인이 보는 앞에서만 일하는 하인"이 아니다. 이자 받을 때의 돈처럼 충실하게 작동하는 생물이나 무생물은 없다. 그것은 밤이든 낮이든 비 오든 안 오든 이자를 따박따박 붙인다.

나는 청교도의 법률을 지키는 코네티컷 주에서 태어났다. "일요일에 아내에게 키스하는 사람도 벌금을 내야 한다"고 할 정도로 엄격한 법을 가진 청교도의 주이다. 나이 많은 부자 청교도는 이자를 받고 빌려준 돈이 수천 달러이다. 토요일 밤은 아주 가치가 있는 날이다. 일요일은 교회에 나가 크리스천으로서의 의무를 다한다. 월요일 아침에 일어나면 그들은 이전의 토요일 밤보다 더 부자가 되어 있다. 그들의 돈이 일요일 내내 규칙에 따라 그들에게 충실하게 복무하였기 때문이다.

돈이 당신을 배반하지 않도록 해야 한다. 만약 그렇게 한다면, 돈만큼 인생에서 성공할 가능성이 있는 것이 없다. 버지니아 사람인 괴물 존 랜돌프는 의회에서 이런 말을 한 적이 있다.

"의장님, 제가 현자의 돌(philosopher's stone, 중세 연금술사들이 모든 금속을 황금으로 만들어준다고 믿었던 상상의 물질_옮긴이)을 발견했습니다. 외상을 하지 않고 현금을 지불하는 것입니다."

사실 이것은 지금껏 어떤 연금술사가 해낸 것보다도 더 성공에 가까운 지혜이다.

4. 끈기 있게 하라

올바른 길에 접어들었다면 끈기 있게 밀고 나가야만 한다. 내가 이 얘기를 하는 것은 '무기력하게 태어난' 사람들이 있기 때문이다. 그들은 선천적으로 게으르고 자립심도 없고 인내심도 없다. 그러나 그들은 데비 크로켓(Davy Crockett, 19세기 미국의 민족영웅이자 군인, 정치가_옮긴이)이 말한 것처럼 이러한 자질을 기를 수 있다.

"내가 죽더라도, 이것만은 기억하라. 옳다는 확신이 들면 계속 전진하라."

반드시 길러야 하는 자립심과의 싸움에서 힘을 잃지 않도록 하기 위하여 '두려움'이나 '우울' 앞에 굴복하지 않는 진취성과 투지가 요구된다.

야망의 목표에 거의 도달하였지만 자신을 믿지 못해 힘을 잃고 영원히 황금 목표를 놓친 사람이 얼마나 많은가. 셰익스피어가 말한 것처럼 그것이 사실이라는 점을 의심할 필요가 없다.

"인간사에는 때가 있는데, 홍수가 와도 행운은 찾아온다."

망설이면 더 대담한 사람이 앞에 나와 상을 받는다. 솔로몬의 잠언을 기억하라.

"손을 게으르게 놀리는 자는 빈자가 되고, 손을 부지런히 놀리는 자는 부자가 된다."

끈기는 때때로 자기 신뢰의 또 다른 말로 사용된다. 많은 사람들은 천성적으로 인생의 어두운 면을 보고 걱정을 사서 한다. 그렇게 타고 난다. 그들은 조언을 구하는데, 이 말 저 말에 쉽게 현혹된다. 자기 자신을 믿지 못하기 때문이다. 자기 자신에 대한 믿음을 가질 때까지 성공을 기대하기 어렵다.

나는 개인적으로 금전적인 위기를 겪게 되자 이를 극복하지 못하고 자살한 사람들을 보았다. 그들은 자신의 불행을 결코 극복할 수 없다고 생각했기 때문에 자살을 택했다. 그러나 나는 그들보다 더 심한 재정적 어려움을 겪는 사람들을 보았는데, 그들은 "선으로 악을 물리친다"는 하늘의 뜻을 믿고 단순한 끈기와 당당하게 행하겠다는 확고한 믿음으로 어려움을 극복했다.

삶의 어떤 영역에서든 이런 일은 있다.

두 명의 장군이 있는데, 둘 다 군사적 전략을 잘 알고 있고, 육군사관학교를 졸업했고, 타고난 재능도 똑같았다. 그런데 한 사람은 결단력이 있는데 반해 다른 한 사람은 결단력이 없다면, 전자는 성공하고 후자는 실패할 것이다. 누군가가 외치는 소리가 들렸다.

"적들이 몰려옵니다! 대포로 무장했습니다!

"대포로 무장했다고?"라고 주저주저하던 장군이 말했다.

"예!" 하고 병사들이 대답했다.

"그럼 모두 멈추게 해!"

이 장군은 곰곰 생각할 시간이 필요했다. 주저함은 패망이다. 적은 아무런 방해도 받지 않고 그를 짓밟고 지나가거나 아니면 섬멸한다. 반면에 결단력과 끈기, 자기 신뢰감을 갖고 있는 장군은 온갖 무기가 번뜩이고, 대포가 작렬하고, 부상병의 비명소리와 죽어가는 병사의 신음소리가 난무하는 전장으로 투지를 불태우며 나아간다. 당신은 이 장군이 부하들에게 용기, 용맹, 승리의 힘을 불어넣어 주면서 확고한 결단을 갖고서 끈기 있게 전진하며 적들을 무찌른다는 것을 알게 될 것이다.

5. 전심전력을 다하라

필요하다면 밤과 낮, 사시사철을 가리지 말고 온갖 수단을 써서 일하라. 지금이 할 수 있는 적기라면 한시라도 지체하지 마라.

"조금이라도 할 만한 가치가 있는 일은 훌륭히 해낼 만한 가치가 있다"는 옛 속담은 진리이고 자산이다. 일을 철저히 하는 사람은 부를 얻고 어중간하게 하는 사람은 가난하다. 야망, 패기, 근면, 끈기는 사업을 성공하게 해주는 필수요소이다. 행운은 언제나 용감한 자의 편이며, 스스로를 돕지 않는 자는 절대 돕지 않는다. 막연히 일이 잘 되리라 기대하는 낙천주의자처럼 시간을 보내는 것은 소용이 없다. 이런 사람들 앞에 나타나는 것은 구빈원이나 감옥 둘 중의 하나이다. 게으름은 나쁜 습관을 낳고, 가난하게 만든다. 돈을 헤프게 쓰는 가난한 방랑자가 부자에게 말한다.

"나는 공평하게 분배만 된다면 세상에는 우리 모두가 쓸 충분한 돈이 있다는 것을 발견했다. 당연히 그래야만 한다. 우리는 함께 행복해질 것이다."

"그러나 만약 모든 사람이 당신과 같다면, 두 달도 안 가 돈이 바닥날 건데, 그땐 어떻게 할 건가?"

"오, 물론 다시 나누고 또 나누고 계속 나누면 된다!"

나는 최근 런던 신문에서 하숙비를 내지 못해 싼 하숙집에서 쫓겨난 철학자의 이야기를 읽었다. 조사해 보니 철학자의 코트 주머니에서 서류 뭉치가 불쑥 튀어나왔는데, 단 한 푼도 들이지 않고 영국의 국가 부채를 갚는 계획을 담고 있었다. "신의 말을 믿지 말고 만일의 사태에 대비하라"는 크롬웰이 말한 대로 행해야 한다. 그렇게 하지 않으면 성공할 수 없다. 마호메트는 어느 날 밤, 사막에서 진을 치다가 지친 추종자들 중 한 명이 하는 말을 우연히 들었다.

"낙타를 풀어줄 것이다. 그러면 신께서 도울 것이다."

예언자 마호메트가 대답했다.

"안 된다, 안 돼, 그렇게 하지 마라. 낙타를 잡아매라. 그래야 신이 도우신다."

스스로 할 수 있는 일은 모두 해야 한다. 신이든 행운이든 부디 이루어지길 바라는 것은 그 다음이다.

6. 일에 대해 철저히 알아라

　고용주 한 사람의 눈이 직원 열 사람의 손보다 더 쓸모 있을 때가 종종 있다. 직원이 고용주만큼 충실하게 일하지 않는 것은 어쩌면 인지상정이다. 주인이기도 한 고용주들은 능력이 뛰어난 직원들도 잘 보지 못하는 중요한 포인트를 제대로 짚어낸다. 자신의 일을 이해하지 못하면 인생에서 성공하기를 기대할 수 없다. 투지와 경험을 다해 그것을 배우지 않으면 자신의 일을 완전히 이해할 수 없다.

　제조업자 한 사람이 있다고 해보자. 그는 개인적으로 사업의 많은 세부사항까지 배워야 한다. 그는 매일 뭔가를 배우고, 거의 매일 실수도 한다. 이런 실수들은 주의를 기울이면 되레 경험을 쌓는데 도움이 된다. "좋아, 매일 조금씩 얻는 게 있겠지.

다시는 그런 방법으로 속이지는 못할 거야"라며 상품의 질이 좋다고 속인 장사꾼의 꼬임에 빠져 물건을 산 사람처럼 될 것이다. 이런 사람은 경험을 산다. 그래도 그 정도의 학습비를 낸 것이 다행이다.

나는 프랑스의 박물학자 퀴비에처럼 모든 사람은 자신의 일에 대해 철저히 알아야 한다고 생각한다. 듣도 보도 못한 동물의 뼛조각조차 유추해가며 뼈의 본래의 형상을 그려낼 수 있을 만큼 그는 자연사 연구에 능숙했다. 한 번은 학생들이 그를 속이려고 장난을 쳤다. 그들은 학생 중 한 명을 소가죽에 둘둘 말아 새로운 표본인 것처럼 꾸며 교수의 책상 아래에 두었다. 바로 퀴비에 교수가 교실로 돌아오자 학생들은 이게 무슨 동물인지 아느냐고 물었다. 그때 그 동물이 "나는 악마다. 나는 너를 잡아먹을 것이다"고 소리쳤다. 그러자 퀴비에 교수는 이 생물체를 분류하고 분석하고 싶어서 이렇게 말했다.

"발굽이 갈라졌군. 초식동물이네! 초식동물은 사람을 잡아먹을 수 없다네!"

그는 발굽이 갈라진 짐승은 풀과 곡식이나 다른 종류의 야채를 먹고, 죽거나 산 고기를 먹지 않는다는 점을 알고 있었다. 그래서 그는 전혀 위험이 없다고 생각했다. 이처럼 성공을 확신하려면 사업에 대한 완벽한 지식을 갖추는 것이 절대적으로 필요하다.

로스차일드 잠언 중에 서로 모순되는 말이 하나 있다.

"신중하고 대담하라!"

이 말은 의미가 서로 형용 모순인 듯 보이지만 결코 그렇지 않다. 이 잠언 속에는 커다란 지혜가 담겨 있다. 사실 이 말은 내가 이미 했던 말을 압축해서 설명하고 있다. 계획을 세울 때는 신중하게 행동해야 하고, 그 계획을 실행할 때는 대담하게 해야만 한다는 얘기 말이다. 과도하게 신중한 사람은 과감하게 실행하지 못해서 성공하지 못한다. 과도하게 대담한 사람은 무모해서 결국 실패한다. 푼돈을 주식에 단 한 번 투자해서 5만이나 10만 달러를 번 사람이 있다고 해보자. 그러나 그 사람이 신중함 없이 대담하기만 했다면 그것은 단지 우연일 뿐이고, 오늘 번 돈은 내일 다 잃을 수도 있다. 성공하려면 신중함과 대담함을 모두 가져야만 한다.

로스차일드의 또 다른 잠언이 있다.

"운이 없는 사람이나 장소와는 관계를 결코 맺지 마라."

이 말은 성공할 수 없는 사람이나 장소와 관계를 맺지 말라는 의미로, 비록 정직하고 지적인 사람이라 해도 이 일 저 일 해 봐도 언제나 실패하기만 한다면, 그것은 당신이 발견할 수 없을지 모르지만 약점이나 결점 때문이다.

세상에 행운이란 건 없다. 오늘 내일 모레 계속해서 아침에 밖으로 나가 돈으로 가득 찬 지갑을 줍는 사람은 없다. 그런 행운은 인생에서 고작 한 번 있을까 말까이다. 행운에 관한 한 얻으면 그만큼 잃게 마련이다.

"원인 없는 결과는 없다."

성공할 수 있는 적당한 방법을 취했다면 행운은 그를 방해하지 못한다. 성공하지 못한다면 비록 눈에 보이지는 않더라도 반드시 원인이 있다.

7. 최고의 직원을 뽑아라

직원을 뽑을 때는 최고의 직원을 뽑아야 한다. 일할 때 사용하는 도구는 최상일수록 좋고, 살아 있는 도구만큼 특별히 다루어야 할 도구는 없다는 점을 깨달아야 한다. 좋은 직원을 뽑았다면 계속 바꾸는 것보다는 그를 계속 고용하는 것이 더 낫다. 그는 매일 매일 뭔가를 배운다. 그리고 그의 경험이 사업에 도움을 준다. 그는 작년보다 올해에 당신에게 더 가치가 있다. 좋은 습관을 갖고 있는 그는 당신과 함께 끝까지 갈 것이고, 충직함은 계속된다.

가치가 점점 더 높아지자 그가 자신이 없으면 회사가 안 돌아간다며 봉급을 올려달라고 한다면 그를 보내줘라. 이런 직원을 만날 때마다 나는 늘 해고했다. 첫째는 그런 직원은 다른 사람으로 대체될 수 있다는 확신을 심어주고, 둘째는 자신의 가치를 과대평가하여 대체될 수 없다고 생각하는 직원은 결코 쓸모없기 때문이다.

그러나 가능하다면 나는 그 직원의 경험에서 계속 이익을 창출할 수 있기에 그를 계속 고용할 것이다. 직원의 중요한 자질 중 하나는 두뇌이다. "일손 구함"이라는 광고를 보았는데, 두뇌 없이 손만으로는 좋은 결과를 낼 수 없다. 비처(Harriet Beecher Stowe,《톰 아저씨의 오두막》저자_옮긴이)는 이렇게 설명했다.

일하고 싶다는 사람이 찾아왔다.

"저는 두 손을 갖고 있는데 한 손가락으로 생각합니다."

"그거 좋군!"라고 고용주가 말했다. 또 다른 사람이 와서 말했다.

"저는 두 손가락으로 생각합니다."

"오! 더 좋군!"

세 번째 사람이 와서 말했다.

"저는 열 손가락 모두로 생각합니다."

그는 훨씬 더 좋다고 했다. 마지막 또 한 사람이 와서 말했다.

"저는 생각하는 두뇌를 갖고 있어 생각하며 일합니다. 그래서 저는 일하는 사람일 뿐만 아니라 생각하는 사람이기도 합니다."

그러자 고용주가 만족스러워하며 말했다.

"당신이 바로 내가 원하던 사람이오!"

두뇌와 경험을 갖고 있는 사람은 가장 가치 있고 쉽게 헤어지지 않는다. 때때로 합리적으로 임금을 인상하면서 함께 일하기에 이것은 고용주뿐만 아니라 직원에게도 좋다.

8. 자기 분야에서 최고가 되라

　업무 훈련이나 견습 기간을 막 거치거나 일만 해온 젊은 사람들은 종종 일은 제대로 하지 않고 빈둥거리기만 한다. 그들은 그러면서 이렇게 말한다.

　"업무를 배우긴 하겠지만 피고용자가 되지는 않을 것입니다. 내가 회사를 설립하지도 않았는데 굳이 무역이나 전문기술까지 배울 필요가 있나요?"

　"독립할 자금은 갖고 있는가?"

　"없습니다. 하지만 마련할 작정입니다."

　"어떻게 마련할 건가?"

　"자신 있게 말할 수 있습니다. 제겐 연로하신 숙모 한 분이 계시는데, 살아계실 날이 얼마 남지 않았습니다. 만약 숙모가 돌아가시지 않는다면 착수금으로 수천 달러 정도 빌려줄 노인은 얼마든지 있습니다. 착수금만 있다면 저는 잘 할 자신이 있습니다."

젊은이가 빌린 돈으로 성공할 것이라고 믿는 것보다 더 큰 착각은 없다. 왜냐 하면? 에스터 씨(John Jacob Astor, 영국 언론인_옮긴이)가 한 말을 곱씹어 볼 필요가 있다.

"막대한 부를 형성해줄 수백만 달러를 모으는 것보다 처음 천 달러를 모으는 것이 더 어렵다."

누구나 에스터의 말에 공감할 것이다. 돈은 경험을 통해 그 가치를 깨닫지 못한다면 쓸모없다. 어린아이에게 2만 달러를 주고 사업을 하라고 해보라. 나이가 채 한 살도 더 먹기 전에 모든 돈을 까먹을 가능성이 있다. 복권에 당첨되어 횡재를 하게 되면 그렇듯이 "쉽게 번 돈은 쉽게 잃는다." 대가를 치르지 않고 횡재한 사람은 돈의 가치를 모른다. 사실 그 돈은 아무런 가치가 없다. 자기 절제와 절약, 인내와 끈기가 없는 사람이 스스로 벌지 않은 자본으로 시작한다면, 결코 부를 축적하지 못한다. 젊은이는 유산을 기다릴 것이 아니라 정말로 열심히 일해야만 한다.

부유한 노인이 죽음을 앞둔 것에 대해 안됐다고 말하는 부류

의 사람들은 없다. 어쩌면 상속자들에게는 이런 세상인심이 퍽
이나 다행이다.

오늘날까지 우리나라의 부자들 중 열에 아홉은 확고한 의지,
신념, 끈기, 절약 그리고 좋은 습관을 가지고 가난한 소년으로
시작했다. 그들은 꾸준히 일해서 돈을 벌고 저축을 했다. 이게
바로 부를 축적하는 최상의 비결이다.

스티븐 지라드는 오두막집에서 가난하게 어린 시절을 보냈
지만 900만 달러의 재산을 남겼다. 가난한 아일랜드 출신 집안
에서 태어난 A. T. 스튜어트는 매년 수입에서 150만 달러를 세
금으로 냈다. 존 제이콥 애스터는 가난한 농부의 아들로 태어났
는데 2천만 달러의 재산을 남겼다. 코넬리우스 밴더빌트는 어
린 시절 아일랜드에서 뉴욕까지 작은 배의 노를 젓던 삶을 살았
는데, 5천만 달러를 남기고 죽었다.

"배움에는 왕도가 없다"는 격언이 있는데, 나는 이 말을 돈 버
는 일에 비유해 "부를 이루는데 왕도는 없다"는 말로 바꿔부르
고 싶다.

하지만 나는 둘 다 왕도가 있다고 생각한다. 배움의 길 그 자
체가 왕도이다. 그 길은 학생들이 지적인 영역을 확장하고 매일
지식을 쌓아가는 것이고, 지적인 성장의 즐거운 과정에는 별의

수를 헤아리고 지구의 모든 원자를 분석하고 하늘의 크기를 재는 난제를 풀 수 있는 지식이 있다. 이것이 바로 왕도이고 가볼 만한 가치가 있는 유일한 길이다.

부에 이르는 길도 이와 같다. 자신감을 갖고 계속 해나가고 규칙을 연구해야만 한다. 무엇보다도 인간의 본성에 대해 연구해야 한다. 왜냐 하면, "인류의 가장 적합한 연구 대상은 바로 인간이다"라는 말처럼 말이다. 그리고 몸과 마음이 확장되는 동안 확장된 경험은 점점 더 많은 자본금을 축적하게 만들고, 그 자체로 독립된 상태에 이르기까지 이자와 그 외 다른 것들을 증가시킨다.

가난한 집 아이가 부자가 되고 부잣집 아이가 가난해지는 일은 흔하다. 가령, 죽음에 임박한 한 부자가 가족들에게 많은 땅을 남겼다고 해보자. 아버지가 돈을 버는데 일조한 맏아들은 경험에 의해 돈의 가치를 알고 있어서 유산을 갖고 돈을 더 불려 나갈 것이다. 반면, 그런 것과는 동떨어져 있던 어린 자식들은 관심의 대상이 되고, 머리를 쓰다듬으며 하루에도 수십 번씩 이런 말을 듣는다.

"너는 부자이다. 결코 일할 필요가 없다. 원하는 것은 뭐든 가질 수 있다. 왜냐 하면, 너는 금수저를 물고 태어났기 때문이다."

젊은 상속자는 그 말이 무엇을 의미하는지 곧 알게 된다. 그는 최고의 옷과 장난감을 살 수 있고, 달콤한 사탕으로 가득 차 있어 오히려 화가 될 지경임을 안다. 학교를 오갈 때도 귀여움과 아부를 독차지하게 된다. 어린 상속자는 거만하고 자존심이 가득한 사람이 되어 선생님을 모욕주고 만사에 거드름을 피운다. 그 어떤 돈도 벌어본 적이 없는 그는 진정한 부의 가치를 모른다. 하지만 금수저의 위력에 대해서는 잘 안다. 대학을 다닐 때 그는 자신의 방으로 가난한 친구들을 초대하여 질펀하게 술과 저녁을 대접한다. 친구들은 돈을 펑펑 물 쓰듯 하는 그를 치켜세우고 아주 좋은 친구라고 칭송한다. 그는 놀면서 야식을 먹고, 빠른 말을 몰며, 많은 좋은 시간을 가지기로 결심하고, 연회와 파티에 친구들을 초대한다. 그는 밤새 유흥과 방탕의 시간을 보내며, "아침이 될 때까지 집에 안 간다"는 달콤한 노래로 동료들을 유혹한다. 급기야 그는 친구들이 간판을 뜯어내고, 경첩에서 문을 떼 내어 뒤뜰과 마장에 던지도록 하였다. 경찰이 그들을 체포하러 오면 경찰을 때려눕혀 경찰에 끌려가고 기꺼이 벌금을 낸다. 그는 소리친다.

"오, 친구들! 즐길 수 없다면 부자가 무슨 소용이 있는가?"

"네가 바보 같은 짓을 할 수 없다면"이라고 하는 것이 더 진실

한 말일지도 모른다. 하지만 약삭빠른 그는 느린 것들을 싫어하는데, 그 꼴을 못 본다. 다른 사람의 돈을 잔뜩 짊어진 젊은이는 유산으로 받은 모든 것을 잃게 된다. 이 모든 것들은 나쁜 습관이 되어 건강과 돈과 성격까지 망치게 된다.

한 세대가 가면 다음 세대가 온다. 오늘날 가난한 사람은 다음 세대, 그 다음 세대에서 부자가 된다. 그들의 경험이 후손들을 이끌고 후손들은 부자가 되고 젊은 자식들에게 방대한 부를 남긴다. 그런데 사치에 익숙한 이 자손들은 경험이 일천하여 가난해진다. 오랜 경험이 쌓이면서 다른 세대가 오고 부를 축적할 차례다. 역사는 자체적으로 반복된다. 행복한 사람은 장애와 함정을 두루 극복한 다른 사람의 경험을 통해 지혜를 얻어 이를 피하는 사람이다.

영국에는 "직업이 사람을 만든다"는 말이 있다. 사실 영국에서는 기술자와 노동자를 신사로 인정하지 않는다. 내가 빅토리아 여왕을 처음 알현했을 때, 웰링턴 경은 내게 엄지장군 톰의 부모가 무슨 일을 하였느냐고 물었다.

"그의 아버지는 목수였습니다."

내가 대답했다.

"오! 나는 그가 신사라고 들었는데."라는 반응을 보였다.

그런데 이 미국에서는 사람이 직업을 만든다. 대장장이든, 구두수선공이든, 농부든, 은행가이든, 변호사이든 간에 직업이 합법적인 것이라면 그 사람은 누구든 신사이다. 그래서 그 직업이 합법적이라는 것은 두 배의 축복이 되는데, 하나는 그 일에 종사하는 사람은 물론이거니와 다른 사람에게 도움이 된다는 점이다. 농부는 가족을 먹여 살릴 뿐만 아니라 농장에서 재배한 농작물을 필요로 하는 장사꾼이나 기술자에게도 이익을 준다. 재단사는 자신의 직업을 만들 뿐만 아니라 스스로 옷을 만들 수 없는 농부, 목사 그리고 다른 사람들에게 도움이 된다. 이 모든 일이 언제나 좋은 직업이 될 수 있다. 같은 직업에 종사하는 다른 모든 사람들을 능가하기 위해서는 원대한 야망을 품고 있어야 한다.

졸업을 앞둔 대학생이 나이 든 변호사에게 말했다.

"나는 아직 앞으로 추구할 직업을 결정하지 못했습니다. 변호사 일엔 자리가 가득 찼나요?

"가장 아래에는 사람들로 넘쳐나지만 위로 올라갈수록 여지가 많네."

노변호사는 재치 있고 진실된 대답을 내놨다.

상층부로 갈수록 자리나 사업에 사람이 부족하기 마련이다.

가장 정직하고 지적인 상인이나 은행원, 또는 최고의 변호사, 의사, 목사, 구두수선공, 목수, 그 밖의 어떤 자리에서 최고의 사람을 찾는다면? 그 자리엔 언제나 할 일이 충분하다.

나라에 따라 다르겠지만 미국인은 지나치게 겉모습에 집착한다. 그들은 아주 빠르게 돈을 벌고 싶어 안달하면서도 보통 자신들이 해야 할 일은 정교하고 완벽하게 하지는 못한다. 그러나 자신과 같은 줄에 서 있는 다른 사람들을 앞지르는 사람은 누구든 좋은 습관을 기르고 의심할 여지없이 성실하게 임한다면 많은 단골 거래를 얻는데 실패할 리 없고 자연스럽게 부가 따라오게 된다.

"보다 높이"를 좌우명으로 삼자. 이 말은 실천하는 자의 사전에 결코 실패라는 단어를 없게 만든다.

9. 유용한 기술을 배워라

모든 사람은 아들과 딸이 사업이나 전문기술을 배우도록 해야 한다. 오늘 부자가 됐다가 내일 가난해질 수 있는 변화무쌍한 요즘에는 사업이나 전문기술은 실패를 딛고 일어설 수 있는 디딤돌 역할을 한다. 이 조항은 예기치 못한 운명의 전환으로 인해 모든 재산을 잃은 많은 사람들을 고통으로부터 구할 수 있다. 이것들은 예기치 않게 하루아침에 삶의 운명이 바뀌어 가진 것 모두를 잃게 되는 비참한 상황에서 구해줄 수 있다.

10. 허황된 꿈을 꾸지 마라

많은 사람들이 너무 허황된 꿈을 꾸기 때문에 늘 가난하게 지낸다. 이들은 모든 계획들을 성공시킬 수 있다는 확신을 갖고 있다. 그래서 한 가지 일에서 다음 일로 계속 바꾸다보니 언제나 뜨거운 물속에 있게 되고 언제나 곤경을 겪게 된다.

"부화하기 전에 병아리 숫자부터 세는 것"과 다를 바 없는 계획은 철지난 실수인데, 그 실수가 날이 갈수록 개선될 조짐이 보이지 않는다.

11. 오직 한 우물만 파라

오직 한 우물만 파라. 성공할 때까지, 경험상 포기해야 할 조짐이 보일 때까지 충실하게 한 가지 일에 매진해야 한다. 못 박을 때 하는 끊임없는 망치질도 못이 다 들어가야 비로소 멈춘다. 사람이 주의를 분산하지 않고 한 가지 목표에 집중하면 마음도 끊임없이 값어치를 증가시키는 생각을 하게 된다. 뇌가 한 번에 여러 가지 다른 일에 사로잡히면 집중력이 도망간다. 한 번에 너무 많은 일에 매달리면 손가락 사이로 돈이 빠져 나간다. 한 번에 너무 많은 쇠를 녹이지 말라는 옛 속담이 이럴 때 의미가 있다.

12. 체계적으로 일하라

사람은 누구나 일을 할 때 체계적으로 해야 한다. 일의 규칙을 따르고, 모든 일에 적합한 시간과 장소를 맞추고, 신속하게 일을 처리하는 사람은 조심성 없고 두서없이 일하는 사람의 반만 일해도 두 배의 성과를 낸다. 모든 거래에 시스템을 도입하고, 한 번에 한 가지 일을 하고, 시간 엄수를 통해 약속을 지키면 주어진 업무를 끝내고 여가 시간을 가질 수 있다. 이 일 찔끔 저 일 찔끔 하는 사람은 일을 언제 끝낼지조차도 가늠할 수 없다. 그런 식으로는 하루일과를 끝내는 시간을 알지 못한다. 아울러 일도 제대로 끝내지 못한다.

물론 이 모든 규칙에는 한계가 있다. 너무 지나치게 체계적이 되지 않도록 적당한 중용의 도를 지키는 지혜가 필요하다.

가령, 물건을 찾지 못하도록 깊게 숨겨놓는 사람들이 있다. 찰스 디킨스의 소설《작은 도릿(Little Dorrit)》에 나오는 것처럼 지나치게 관료적 형식주의 빠진 워싱턴 행정부와 다를 바 없는데, 이론만 있고 결과는 없다.

애스터 하우스(Astor House)가 뉴욕에서 처음 문을 열었을 때, 의심할 것 없이 미국 최고였다. 이 호텔의 경영진들은 오랫동안 유럽에서 호텔과 관련된 일을 해온 베테랑들이었고, 최고 시설 각 분야에 도입한 체계적인 시스템이 자랑거리였다.

밤 11시에 도착해보면 호텔은 손님들로 북적거렸다. 그럴 때마다 경영진 중 한 사람은 이렇게 말했다.

"화재경보기를 눌러보세요!"

그러자 2분 이내에 60명의 직원이 양손에 물동이 하나씩 들고 로비에 모여들었다. 그 경영자는 고객들에게 이렇게 말했다.

"이것이 바로 우리 호텔의 화재경보 시스템입니다. 이 경보기는 호텔이 아주 안전하다는 것을 담보합니다. 우리 호텔은 모든 것이 이처럼 체계적입니다."

이 시스템은 뉴욕의 크로톤 저수지에서 물을 끌어오지 않아도 순식간에 많은 물을 모았다. 그런데 그들의 시스템은 때로 너무 지나칠 때도 있었다. 한 번은 호텔이 손님들로 북새통을 이룰 때 웨이터 한 사람이 갑자기 병이 났다. 그러자 경영진은 59명의 웨이터가 있음에도 그 한 명을 보충해야만 한다고 생각했다. 그렇지 않으면 시스템에 문제가 생긴다고 생각했다. 저녁 시간이 시작되기 직전에 경영진은 아래층으로 쏜살같이 뛰어 내려가며 말했다.

"웨이터 한 명이 부족하다. 한 명을 보충해야 해. 어떻게 해야 할까?"

마침 경영진은 아일랜드 출신 구두닦이를 만났다. 경영진이 그에게 소리쳤다.

"구두닦이! 5분 내로 세수하고 하얀 에이프런을 두르고 식당으로 달려가게!"

구두닦이가 요구대로 하고 식당에 나타나자 경영진이 말했다.

"구두닦이, 저기 있는 두 개의 의자 뒤에 가서 의자에 앉을 신사를 기다리게. 웨이터 일을 해본 적 있는가?"

"웨이터 일에 대해 알고 있습니다만 실제 해본 적은 없습니다."

그는 진로를 벗어났다고 생각해 "자네가 할 일을 잘 알고 있는가?"라는 선장의 질문을 받은 아일랜드 출신 조타수 같았다.

"물론입니다. 저는 이 항로에 있는 바위 하나하나를 다 알고 있습니다."라고 조타수가 대답했다. 그러나 대답하는 순간 "쿵"

하고 배가 바위에 부딪치는 소리가 났다.

"아, 이런. 그 바위 중 하나였군요."라고 조타수는 말할 수밖에 없었다.

식당으로 돌아오는 경영주가 말했다.

"구두닦이, 여기는 모두 체계적으로 운영된다네. 자네는 우선 신사들 각각에게 수프를 갖다 드리게. 신사들이 수프를 다 먹으면 '다음 식사를 드릴까요?' 하고 물어보게."

구두닦이가 대답했다.

"오! 체계적인 시스템의 장점을 잘 이해했습니다."

곧바로 손님들이 들어왔다. 수프 접시는 신사들에게 제공됐다. 구두닦이가 서비스하기로 한 두 신사 중 한 사람은 그가 갖다 준 수프를 먹었는데, 다른 한 사람은 거들떠보지도 않았다. 수프를 먹지 않은 사람이 말했다.

"웨이터! 이 접시를 가져가고 생선 요리를 가져오게."

입에 대지도 않은 수프접시를 본 구두닦이는 경영주가 말한 '시스템'에 대한 기억을 떠올리고는 이렇게 대답했다.

"수프를 다 드시기 전까지는 안 됩니다."

이처럼 지나치게 시스템을 고집하려는 것은 되레 안 좋은 결과를 초래한다.

13. 신문을 읽어라

신뢰하는 신문을 늘 가까이 하여 세상 돌아가는 일에 대해 세심하게 파악하는 일이 중요하다. 신문을 가까이 하지 않고 지내는 사람은 세상으로부터 소외된다. 전신과 증기선이 일상화 된 오늘날에는 각 분야에서 많은 중요한 발명과 개선이 이루어지고 있어서 신문을 읽지 않는 사람은 곧 스스로는 물론이거니와 사업이 냉각기를 겪게 된다.

14. 한눈 팔지 마라

우리는 상당한 부를 이루었다가 한순간에 망하는 사람들을 종종 본다. 이렇게 되는 많은 경우가 무절제한 사치나 도박, 나쁜 습성이 원인이 되어 생긴다. 또 한편으로는 "한눈을 팔다" 그렇게 되는 경우도 빈번하다.

합법적인 사업의 테두리 안에서 성공을 하게 되면, 흔히 일확천금을 벌게 해준다는 투기성 유혹이 다가와 속삭인다. 손대는 것마다 성공을 거두는 행운은 타고나는 것이라며 친구들마저 계속해서 혹하게 만든다.

자, 그렇게 되면 성공적인 삶을 만들어준 절약하는 습관이나 엄정한 행동, 배운 대로 사업에 매진하는 집중력을 잃고 결국 악마의 유혹에 귀를 기울이게 된다. 악마는 말한다.

"2만 달러를 투자하면 운 좋으면 6만 달러로 되돌려 주겠소."

며칠이 지나 그는 만 달러를 더 투자해야 하는 상황이 일어난다. 그리고 또 잘 되고 있는데, 예기치 않은 문제가 생겨서 2만 달러를 더 투자하면 엄청난 부를 가져다 줄 것이라는 얘기를 듣는다. 그러나 거품이 꺼지는 상황을 알기까지는 많은 시간이 필요하지 않았다. 그는 전 재산을 잃었다. 애초의 사업에서 큰 성공을 거뒀을지라도, 생소한 분야에 뛰어들면 머리가 잘려 힘을 잃고 보통사람들과 다를 바 없는 삼손처럼 된다는 사실을 알지 못했다.

만약 돈이 많다면 성공이 보장되고 인류의 발전에 도움이 되는 사업에 투자해야만 한다. 다만 적당한 액수를 투자하고, 정당한 방법으로 번 재산을 위태롭게 하는 어리석음을 저지르지 말아야 한다. 경험하지 못한 것에 투자해서 말이다.

15. 담보 없이 보증 서지 마라

나는 부모나 형제자매를 포함하여 그 어떤 사람의 어음이나 증권에 배서하지 말아야 한다고 생각한다. 적당한 담보 없이 잃어버려도 상관없는 양의 돈을 넘어서는 투자는 하지 말아야 한다. 2만 달러 상당의 재산을 갖고 있는 사람이 있다고 해보자. 그는 아주 활발하게 사업과 무역을 하고 있다. 그가 퇴직금으로 여생을 보내는 당신에게 와서 말한다.

"내가 2만 달러 상당의 부자로, 빚이 단 한 푼도 없다는 사실 잘 알죠? 나는 현금 5천 달러로 상품을 사면 한 달 만에 두 배로 불릴 수 있소. 내 5천 달러짜리 어음에 배서 좀 해주겠소?"

그러면 당신은 2만 달러 상당의 부자이기에 그의 어음에 배서해도 위험이 없다고 생각한다. 그래서 당신은 그의 제안을 받아들여 담보를 제공받아 안전장치를 마련하지 않고 보증을 선다. 그리고 얼마 후 그는 그 어음의 보증을 해소하면서 이렇게 말한다.

"기대했던 것만큼 이익이 났소."

당신은 그렇게 하길 잘 했다는 생각이 들어 행복하다고 느낀다. 그런데 똑같은 상황이 반복되고 똑같이 보증을 선다. 당신은 이미 담보 없이 그의 어음에 보증을 서도 완전히 안전하다는 인상을 마음 깊이 새기고 있다.

그런데 문제는 이 사람이 돈을 너무 쉽게 번다는 점이다. 그는 당신이 보증한 어음을 갖고 은행에 가서 할인하여 현금으로 바꾼다. 그는 수고와 불편 없이 당분간은 돈을 번다.

자, 결과를 보자. 그는 사업 밖에서 투기할 기회를 엿보고 있다. 일시적으로 만 달러만 있으면 되는데, 어음이 만기가 되어 은행에 돌아오기 전에 회수할 수 있다고 확신한다. 그는 당신에게 와서 만 달러짜리 어음의 배서를 부탁한다. 당신은 거의 반사적으로 서명한다. 그 친구는 정말로 책임감이 강하고 믿을 만하다. 당신은 당연하다는 듯 보증을 선다.

불행하게도 그 투기의 위기는 예상했던만큼 그렇게 빨리 드러나지 않는다. 마감일이 되면 또 1만 달러짜리 어음을 추가로 할인해야 한다. 그러나 결국 나중 어음이 채 만기가 되기도 전에 투기는 완전한 실패로 끝나고 모든 돈을 잃는다.

친구이자 투자자가 보증인인 당신에게 재산의 절반을 잃었다고 말할까? 전혀 아니다. 그는 심지어 자신이 투기를 했다는 말조차 하지 않는다. 그는 이런 식(실패자들의 얘기는 거의 들어보지 못했다)으로 돈을 번 투기꾼들을 익히 봐왔던 터여서 한탕 하면 만회할 수 있다는 투기 정신에 팔려 있다. 그래서 그는 돈을 잃을 때마다 돈을 찾아 나선다. 그는 당신에게 단골로 보증을 서 달라고 다시 시도한다. 매번 잃을 때마다 그는 당신에게 자신이 원하는 만큼의 보증을 서 달라고 한다. 마침내 그가 그의 전 재산은 물론이거니와 당신의 돈까지 몽땅 날렸다는 것을 알게 된다. 분노와 슬픔으로 기가 막힌 당신이 말한다.

"난감한 일이다. 그 친구가 나를 망쳐놓다니."

그러면서 당신은 이렇게 덧붙인다.

"그를 망친 건 나구나!"

만약 당신이 애초에 "당신을 돕고 싶지만 충분한 담보 없이는 보증을 설 수 없소"라고 말했다면 그는 능력의 한계를 넘어서지 않았을 테고, 합법적인 사업에서 결코 벗어나지 않았을 것이다.

너무 쉽게 돈을 버는 것은 어느 때든 매우 위험한 일이다. 더이상 아무 것도 보장하지 못하는 위험한 도박으로 유혹하는 것이다. 솔로몬은 "보증을 싫어하는 자는 평안하다"고 했다.

그래서 사업을 시작하는 젊은이가 실제 돈을 벌어봄으로써 돈의 가치를 알게 해야 한다. 돈의 가치를 제대로 이해했을 때 사업을 시작하면 사업의 수레바퀴가 원활히 굴러가게 하는데 도움이 된다. 그러나 편법으로 돈을 버는 사람은 성공하지 못한다는 사실을 명심해야 한다. 돈의 가치를 알기 위해 어떤 희생이 따르더라도 역경을 딛고 첫 1달러 벌어보아야만 한다.

16. 사업을 광고 하라

사업이 어느 정도 잘 되려면 전적으로 고객들의 도움을 받아야 한다. 우리는 변호사, 의사, 구두수선공, 예술가, 대장장이, 쇼맨, 오페라 가수, 철도청장, 그리고 대학교수 등과 같은 사람들과 거래한다. 고객들과 거래하는 이들은 상품이 정말로 만족감을 줄 수 있는 가치가 있도록 하는데 신경을 써야 한다. 고객들이 상품에 만족하고 기꺼이 돈을 지불할 가치가 있다고 느낀다면, 이번엔 고객들에게 당신의 상품이 그런 가치가 있다는 것을 광고해야 한다. 어떤 형태로든 세심한 주의를 기울여 상품을 광고해야 한다. 팔려고 내놓은 물건이 아무리 좋다고 하더라도 아무도 알아주지 않으면 그 어떤 대가도 없다.

거의 모든 사람이 신문을 본다. 5천에서 2만부 정도 발행부

수를 갖고 있는 신문이 널려 있는 미국에서 사람들에게 상품정보를 도달하게 하는데 효과가 있는 광고 방식을 채택하지 않을 수 없다. 신문이 각 가정에 배달되면 가장은 물론 아내와 아이들도 신문을 본다. 당신이 회사에서 일상적인 일을 하는 동안 수백, 수천 명이 당신의 광고를 보게 된다. 아마도 많은 사람이 당신이 자고 있는 동안에도 광고를 본다.

"씨 뿌린 뒤에 거둔다"는 인생철학을 생각해보라. 농부가 이런 방식으로 농사를 짓는다. 감자와 옥수수를 심고, 곡식의 씨를 뿌리고, 다른 씨앗들도 심었다가 때가 되면 결실을 거둔다. 결코 먼저 결실을 거두고 나중에 씨앗을 뿌릴 수는 없다.

이 원칙은 모든 사업 분야에 적용된다. 특히 광고에 효과적이다. 진짜 좋은 상품을 가지고 있다면 씨 뿌리듯 사람들에게 광고하는 것보다 더 효과적으로 결실을 거둘 수 있는 방법은 없다. 물론 상품이 정말 좋아야 한다. 상품은 고객을 만족시킬 수 있어야 한다. 고객들이 생각보다 현명하기 때문에 엉터리 상품으로는 성공할 수 없다. 남자든 여자든 철저하게 자기중심적으로 생각하기 때문에 갖고 있는 돈으로 최상의 이익을 얻으려고 하고, 최상의 이익을 확실하게 볼 수 있는 곳을 찾으려고 노력한다.

혹시 엉터리 상품을 광고하여 사람들이 한 번은 상품을 사게할 수는 있을지 몰라도 고객들이 당신을 사기꾼이나 협잡꾼이라고 비난하게 되면 사업은 점차 망하게 되고 빈털터리가 된다. 이것은 진리다. 고객들이 오겠지 하고 운에 맡겨서는 안 된다. 고객들이 다시 와서 상품을 사도록 해야 한다. 어떤 사람에 내게 말했다.

"광고를 잘 했는데도 신통치 않아요, 상품도 좋은데…."

나는 대답했다.

"일반적인 규칙에는 예외가 있습니다. 그런데 광고를 어떻게 했습니까?"

"주간지에 세 번 광고 했는데, 광고료로 1.5달러를 썼지요."

나는 대답했다.

"광고는 '선무당이 사람 잡는다'는 말과 같지요."

한 프랑스 작가가 말했다.

"신문 독자는 평범한 광고 문구에는 절대 먼저 눈길을 주지 않는다. 두 번째는 광고에 눈길을 주지만 읽지는 않는다. 세 번째는 광고를 읽기는 하는데, 네 번째에 가서야 광고에 있는 가격을 보고, 다섯 번째에 읽고는 아내에게 말해준다. 여섯 번째에 광고를 보고 살 준비를 하고, 일곱 번째에 보고나서야 산다."

광고를 하는 목적은 당신이 팔 물건을 갖고 있다는 것을 사람들에게 알리는 것이다. 정보를 알리려고 계속해서 광고를 하지 않으면 결국 헛돈을 쓰게 된다. 당신은 10센트를 주면 1달러를 아낄 수 있다고 신사에게 말하는 녀석과 같다.

"그렇게 적은 돈이 어떻게 큰 도움이 된단 말인가?"

신사가 놀라서 물었다.

"저는 (딸꾹질 하며) 오늘 아침 완전히 취할 작정이었어요. 취하기에는 부족한 1달러가 수중에 있었지요. 위스키를 10센트 어치만 더 마시면 취할 것 같아서 도와달라고 하는 거예요. 이런 식으로 돈을 쓰면 1달러를 제대로 쓰는 것 아닌가요?"

그래서 광고를 하는 사람은 사람들이 그가 누구인지 사업이 무엇인지를 알 때까지 계속해야 한다. 그렇지 않으면 광고에 헛돈을 쓴 것이 된다.

공격적인 광고 문구를 쓰는 데 특별한 재주를 가진 사람들은 독자가 한 번 힐끗 보기만 해도 눈길을 사로잡는다. 이 점은 물론 광고를 활용하는 사람들에게는 굉장히 이롭다. 그는 때때로 창문에 독특한 간판이나 호기심을 자극하는 광고를 게시해 인기를 끈다. 최근에 나는 상점 앞 인도 위에서 앞뒤로 흔들리는 간판을 보았다. 간판에는 평범한 글자로 이렇게 쓰여 있었다.

"뒷면을 읽지 마시오!"

물론 나는 뒷면을 읽었다. 다른 모든 사람들도 읽었다. 그리고 나는 그 상점 주인이 이런 식으로 사람들의 관심을 우선 끌고 나서 고객들을 잘 이용하여 돈을 벌었다는 것을 알았다,

모자 상인인 제닌은 경매에서 제니 린드 공연권을 225달러를 적어내 낙찰 받았었다. 그는 이게 자신에게 좋은 광고 효과를 기대할 수 있다는 것을 알았기 때문이다.

"낙찰자가 누구입니까?"

캐슬 가든에서 공연권이 낙찰되자 경매사가 물었다.

"모자 상인 제닌입니다."라는 대답이 돌아왔다.

이곳에는 5번가는 물론이거니와 멀리 떨어진 여러 도시에서 찾아온 최상위층 사람들 수천 명이 모여 있었다.

"모자 상인 제닌이 누구야?"

군중들이 외쳤다. 전에는 단 한 번도 들어보지 못한 이름이었다. 다음날 아침, 메인 주에서 텍사스 주에 이르기까지 신문들은 온통 이 경매 소식으로 도배를 했다. 5백만에서 1천만 명에 이르는 사람들은 제니 린드의 최초 단독 공연 티켓이 총 2만 달러어치가 팔렸고, 그 중 한 장이 모자 상인 제닌에게 225달러에 낙찰됐다는 기사를 읽었다. 전국에 걸친 사람들은 무의식적

으로 쓰고 있던 모자를 벗어 '제닌' 모자인지를 확인했다. 아이오아 주의 한 마을 우체국 주변에 사람들이 모여 있었다. 그 중 제닌 모자를 쓰고 있는 사람이 한 명 있었는데, 그는 의기양양한 표정으로 어깨를 으쓱했다. 그 모자는 2센트도 안 되는 낡은 것이었다.

"어떻게 진짜 제닌 모자를 쓰게 됐나요? 운이 엄청 좋네요!"

그 마을 사람 한 명이 소리쳤다. 또 다른 사람이 맞장구를 쳤다.

"그 모자를 잘 모셔두시오. 당신 가문의 아주 값어치 있는 가보가 될 테니까."

이 행운을 거머쥔 사람을 몹시 부러워하던 군중 중의 또 다른 한 사람이 말했다.

"보시오. 이 모자를 경매 붙여 우리 모두에게 기회를 주시오."

그는 모자를 경매에 붙였고, 모자는 기념품으로 9달러 50센트에 팔렸다. 제닌 씨한테 무슨 일이 일어난 건가? 그 일이 있은 후 6년간 그의 모자는 1년에 1만 개 이상 팔렸다. 구매자 열에 아홉은 단순한 호기심에 샀고, 많은 사람들이 돈이 아깝지 않다며 단골고객이 되었다. 이 소설 같은 광고는 처음에는 사람들의 관심을 끌고, 그리고 나서 좋은 상품으로 승부를 걸어 사람들의 발길이 다시 이어지게 했다.

모든 사람이 제닌처럼 광고해야 한다는 얘기는 아니다. 팔 좋은 상품이 있는데 갖은 수단을 동원해 광고를 하지 않는다면 조만간 파산하여 법원에 출두할 가능성이 크다. 물론 모든 사람이 신문에 광고를 내거나 인쇄 홍보물을 활용해야만 하는 것은 아니다. 대다수의 경우 신문에 광고를 내는 것이 불가피하겠지만, 의사나 성직자, 그리고 간혹 변호사 등등은 나름의 방법으로 대중에게 더 효과적으로 다가갈 수 있다. 그러나 이들도 어떤 식으로든 자신을 알려야만 한다. 그렇지 않고 어떻게 돈을 벌 수 있겠는가!

17. 공손하고 친절하라

공손함과 정중함은 사업에 투자되는 자본 중 최고이다. 만약 당신과 직원들이 고객들을 함부로 대한다면, 넓은 매장, 금빛 표지판, 화려한 광고들은 모두 쓸모없게 된다. 더 친절하고 베풀면 단골들은 그에게 더 도움이 되려고 한다. 콩 심은 데 콩 나고 팥 심은 데 팥 나는 게 아니겠는가. 가격은 싸고 질은 높은 상품을 많이 제공하는 사람(그래도 이익을 남기는 사람)이 궁극적으로 자연스럽게 최상의 성공을 거둔다.

"너희는 남에게 대접 받고자 하는 대로 남을 대접하라"라는 성경의 황금율이 생각난다. 마치 고객들이 최소의 비용으로 최고를 얻을 수 있도록 대한다면 고객들은 당신에게 더 잘 할 것이다. 마치 다시는 안 볼 것처럼 하면서 고객과 야박하게 거래하는 사람은 확실히 표가 난다. 그들은 다시는 고객으로 그 상인을 만나지 않는다. 돈을 내고도 문전박대를 받으면 누가 좋아하겠는가.

한 번은 우리 박물관 안내인 중 한 명이 내게 관람객 한 사람이 전시실 밖으로 나오기만 하면 때려주겠다고 말했다.

"왜 그러지?" 하고 내가 물었다.

"그가 나더러 신사도 아닌 것이라고 했기 때문입니다"라고 안내인이 말했다.

"맘에 두지 말게. 그는 입장료를 냈다네. 그를 때린다고 해서 그가 당신을 신사라고 여기지는 않을 거네. 나는 고객을 잃고 싶지 않네. 당신이 그를 때린다면 그는 다시는 박물관에 오지 않을 거네. 그리고 친구들에게 이곳 말고 다른 재미있는 곳으로 가자고 할 게 뻔 하다네. 보게. 그럼 나는 결국 실패자가 된단 말일세."

"하지만 그가 절 모욕했단 말이에요!"라고 안내인이 투덜댔다.

"옳거니. 만약 그가 박물관 주인이고 당신이 그에게 박물관 입장료를 냈는데, 그가 당신을 모욕했다면 당신이 그를 때리는 것은 합당한 이유가 되네. 그러나 이 경우에는 그가 돈을 낸 사람이기 때문에 당신은 그의 모욕을 참아야만 하네."

그러자 안내인은 미소를 지으면서 그게 올바른 정책임에 틀림없다고 말했다. 그러면서 그는 박물관의 이익을 많이 내도록 모욕을 참아주겠으니 급여를 올려줘야 하는 것 아니냐고 덧붙였다.

18. 자비를 베풀라

인간이 자비를 베풀어야 함은 당연하다. 의무이자 기쁨이기 때문이다. 실질적으로 더 나은 혜택을 얻지 못한다면 고객은 베푸는 사람을 찾아 나설 것이고, 반면에 비도덕적이고 고약한 구두쇠는 피할 것이다.

솔로몬이 말했다.

"돈을 쓰면서 불려가는 사람이 있는 반면 돈을 쓰지 않고도 늘 가난한 사람이 있다."

물론 진실 된 자선은 마음에서 우러나온다.

최상의 자선은 스스로 돕는 자를 기꺼이 돕는 것이다. 도와줄 가치가 있는지 따져 보지 않고 무턱대고 베푸는 것은 여러 가지 면에서 좋은 일이 아니다.

그러나 스스로 살려고 열심히 노력하는 사람을 찾아 조용히 도와주는 것은 "돈을 쓰면서 불려가는" 자선이다.

그러나 배고픈 사람에게 감자 대신 기도와 빵 대신 축복을 주는 것은 썩 바람직한 일이 아니다. 동정보다 배고픔을 달래주는 것이 포교하는 데 더 도움이 된다.

19. 사업기밀을 누설하지 마라

사업기밀을 마구 떠들어대는 어리석은 사람들이 있다. 그들은 돈을 벌면 어떻게 돈을 벌었는지를 주변 사람에게 알리고 싶어 안달이다. 사업기밀을 누설해서 얻을 것은 아무 것도 없다. 그저 잃는 것만 많을 뿐이다. 수익이나 희망, 기대치, 의도 등 그 어떤 것에 대해서도 절대로 얘기하지 마라. 이 얘기는 대화와 마찬가지로 글로 쓸 때도 적용된다. 괴테의 《파우스트》에 이런 말이 나온다.

"글을 쓰지도 말고 없애지도 마라."

사업가는 글을 써야만 한다. 그러나 글 속에 무엇을 담을지 조심해야 한다. 만약 사업에 실패했더라도 특별히 조심해서 그 얘기를 하지 마라. 그렇지 않으면 명성마저 잃는다.

20. 진실해라

진실함은 다이아몬드나 루비보다 더 가치가 있다. 늙은 구두
쇠가 아들에게 이렇게 말했다.

"돈을 벌어라. 할 수만 있다면 정직하게 돈을 벌어라. 하지만
어떻게 해서든 돈을 벌어야만 한다."

이 충고는 매우 부도덕할 뿐만 아니라 어리석다. 이 말은 이
런 말과 매우 흡사하다.

"정직하게 돈을 버는 것이 어렵다면 부정직하게라도 돈을 벌
어라. 그런 방법으로는 쉽게 돈을 벌 수 있다."

어리석은 중생이여! 인생에서 부정직하게 돈을 버는 것이 가
장 어렵다는 것을 모르는구나! 이 충고를 따르다가 감옥에 가
는 사람들이 넘쳐나는구나! 부정직한 것은 금새 드러난다는 사

실을 아는 사람이 없다. 원칙이 없다는 것이 드러나면 성공가도가 영원히 막힐 수도 있다. 사람들은 진실성이 의심받는 사람들을 피하기 마련이다. 아무리 점잖고 유쾌하고 친절한 사람이라 할지라도 어느 누구도 저울눈을 속이는 사람과는 거래하지 않는다.

강직한 정직은 재정적인 면에서 성공의 기반일 뿐만 아니라 인생 전반에 걸쳐 기반이 된다. 타협하지 않는 강직함의 가치를 따질 수 없다. 그것은 아무리 많은 돈이나 집, 땅으로도 살 수 없는 평화와 기쁨의 소유자가 된다. 강직하게 정직한 사람은 가난하다 할지라도 누구에게서나 돈을 빌릴 수 있다. 그는 빌린 돈을 갚기로 한 약속을 반드시 지켜 절대로 실망시키는 일이 없다는 것을 모두 알기 때문이다. 단순한 이기적인 측면에서 정직을 상관하지 않고 돈을 버는 사람이라도 프랭클린의 잠언은 정말로 멋지다.

"정직이 최상의 방책이다."

돈을 번다는 것이 성공한다는 말과 언제나 같은 것은 아니다.

"세상에는 돈은 많지만 마음이 가난한 사람들이 많다."

부자들이 일주일에 써버리는 만큼의 돈조차 가질 수 없는 정직하고 독실한 많은 사람들이 있는데, 그들은 도덕규범을 어기면서 사는 그 어떤 부자들보다 더 부자이고 행복하다.

돈에 대한 과도한 집착이 악의 근원이라는 점은 의심할 바가 아니다. 그러나 돈은 그 자체로 제대로 쓰기만 하면 가정을 평온하게 해줄 뿐만 아니라 인간의 행복과 영향의 범위를 확장시킴으로써 인류에 축복을 선사한다.

부에 대한 갈망은 보편적이다. 가진 자가 인류의 친구로서 책임과 의무를 다한다면 칭찬하지 않을 자 있겠는가.

상업적인 측면에서 돈벌이의 역사는 문명의 역사와 그 궤를 같이 한다. 무역이 활성화된 곳에서는 역시 예술과 과학에서도 고귀한 결실을 맺었다. 사실, 돈을 번 사람들은 인류의 후원자였다. 그래서 우리는 학교와 예술, 학문, 대학과 교회 등 분야에서 그들에게 빚졌다. 모으기 위해서만 돈을 모으거나, 손이 쥔 것을 절대 놓지 않으려고 하는 구두쇠도 간혹 있지만 이런 욕망을 놓고 논쟁하고 싶지는 않다. 교회에 위선자가 있고, 정치에 선동가가 있듯이 부자 중에서도 구두쇠가 있기 마련이다. 그렇지만 이런 것들은 일반적인 규칙에서 유일한 예외이다.

그러나 우리나라에서는 구두쇠가 성가시고 발부리에 채이는 존재이기만 할까? 미국에는 장사 상속법이 없다는 것을 생각해보라. 쌓인 먼지가 시간이 되면 흩어지는 것이 자연의 섭리이듯 돈도 인류의 이익을 위해 분산될 것이다. 그러므로 나는 양심적으로 모든 사람들에게 정직하게 돈 벌고 그렇지 않으면 돈을 벌지 말라고 말하고 싶다. 진실로 셰익스피어의 말이 가슴 깊게 와 닿는다.

"돈, 수단, 재력을 추구하는 자에겐 좋은 친구 세 명조차 없다."

바넘의 짧은전기

"바넘의 서커스도 경이롭지만 바넘 그 자체가 더 경이롭다."
라고 미국의 유머작가 마크 트웨인이 극찬한 P. T. 바넘은 누구
인가.

피니어스 테일러 바넘(Phineas Taylor Barnum, 1810년 7월 5일
~1891년 3월 7일)은 미국의 유명한 쇼맨이자 정치가, 사업가이
다. 또한 작가이자 출판업자, 자선가이기도 하다.

바넘은 1810년 7월 5일 미국 코네티컷 주의 베설에서 태어났
다. 바넘은 아버지 필로 바넘(Philo Barnum, 1778~1826)과 어머
니 아이린 테일러(Irene Taylor) 사이의 5남매 중 맏이였다. 어머
니는 아버지의 두 번째 부인이었는데, 아버지의 첫째 부인에게
서 태어난 5명의 이복형제자매가 더 있다.

바넘은 사람들이 한결같이 쏙 빼닮았다고 한 외할아버지 피니어스 테일러(Phineas Taylor)의 영향을 많이 받고 자랐다. 외할아버지는 휘그당 당원이자, 의원, 지주, 치안판사를 역임했는데, 특히 그에게 큰 영향을 미친 복권 기획가이기도 했다. 외할아버지는 특히 그를 아껴 가문의 후손으로 인정하고 땅을 선물하기도 했다.

아버지 필로 바넘은 재단사이자 농부였는데, 여관도 운영했다. 친할아버지 에이프레임 바넘은 독립전쟁에 참전한 민병대 대위 출신이었다. 아버지와 할아버지는 특히 농담을 즐기는 쾌활한 성격이었는데, 그가 그런 기질을 고스란히 물려받았다.

바넘은 여섯 살 무렵부터 학교에 다니기 시작했다. 당시 학교가 공포의 대상이 될 만큼 무서운 곳이기는 했지만 바넘은 성적이 좋았고 특히 산수를 잘했다. 열두 살 때 2분도 채 안 되어서 목재더미 양을 정확하게 계산해내는 천재성을 발휘했다.

하지만 그도 여느 농부의 아들과 다를 바 없이 집안의 농사일을 도와 소떼를 방목하고 추수를 돕고 사탕무와 양배추 밭을 매고 땔감도 해야 했는데, 그러느라 종종 학교를 빼먹기도 했다.

천성적으로 욕심이 많았던 바넘은 다섯 살 때부터 동전을 모았다. 여섯 살 무렵 하루는 할아버지가 이때까지 모은 동전이

1달러는 된다면서 동전을 갖고 마술 선술집으로 데려갔다. 거기서 그는 그동안 모은 동전으로 1달러짜리 은화를 바꾸었다. 그때 바넘은 다시 못 느껴볼 만큼 짜릿한 부자가 됐다는 느낌을 받았다. 생전 처음 스스로 자립했다는 생각이 들어 마음이 한껏 들뜬 그는 그 은화로 지구와 은화 속에 있는 것들을 모두 살 수 있을 것이라 믿었다. 그걸 다 산다고 해도 되레 자신이 밑질 것 같다는 생각이 들었다. 그 일을 겪은 바넘은 은화 한 닢으로 만족할 수 없었다. 또 어머니가 동전을 계속 모으라고 하기도 했다. 그래서 그는 어떻게 하면 돈을 벌 수 있을까 궁리했다. 외할아버지에게서 소떼를 모는 대가로 10센트를 받는가 하면 사탕 행상도 마다하지 않았다. 특히 설탕을 졸여 만든 '쿠카니아'라고 불리던 사탕을 팔아 본전을 제하고 1달러나 더 벌었다. 또한 투기 성향이 있어 휴일에 행상에서 파는 상품의 가짓수를 생강빵, 쿠키 등으로 많이 늘리기도 했다.

바넘은 인생에서 중요한 경험 중의 하나로 꼽는 상업의 중심지 뉴욕 방문은 열두 살 때 이루어졌다. 그때가 1822년이었는데, 바넘은 아버지가 운영하는 여인숙에 소떼를 몰고 투숙했던 이웃마을 사람이 아버지에게 소몰이 아이를 한 명 구해달라고 부탁하는 얘기를 듣는다. 그러자 그는 기회는 이때다 싶어 아버지를 졸라 소몰이꾼으로 그 사람을 따라가게 됐다.

뉴욕으로 가는 도중, 무리에서 이탈한 소를 쫓기 위해 소떼 주인의 말을 함께 탔다가 말이 넘어지는 바람에 발목을 접질렀다. 하지만 바넘은 집으로 돌려보낼까 봐 아파도 내색조차 할 수 없었다. 절뚝거리며 걷기를 사나흘 만에 뉴욕에 도착했다. 뉴욕에서 바넘은 어머니가 준 1달러로 먹고 싶은 오렌지와 장난감 총을 사서 놀기도 했다. 그런데 딴에는 약은 척 오렌지 값을 깎았는데 나중에 알고 보니 되레 더 주고 사는 등 신고식을 톡톡히 치른다. 바넘은 다시 가게에 들러 신기한 물건들을 살펴보면서 사탕을 사 먹었다. 시계, 배지, 팽이도 샀다. 그런데 꼭 사고 싶은 목공도구 세트를 발견했다. 하지만 수중에 있는 11센트로는 어림도 없었다. 갖고 싶은 것을 가져야만 직성이 풀리는 성미인 그는 가게 주인과 가지고 있던 팽이와 배지를 반품하고 11센트를 얹어주겠다고 흥정했다. 가게 주인은 좋다고 했다. 그러자 이번에는 사탕이 먹고 싶었다. 바넘은 다시 갖고 시계와 사탕을 물물교환 했다. 물물교환에 재미 들린 바넘은 가지고 있던 손수건, 여분의 양말도 전부 날렸다.

그러자 바넘은 오락거리로 관심을 돌렸다가 코네티컷 주에서 온 스무 살 가량의 젊은 신사와 안면을 트고 그의 제안으로 뉴욕을 구경하다 대형마트에서 엄청난 양의 고기 앞에 압도당한다. 또 뉴욕 주 교도소도 구경한다. 많은 죄수들이 구두를 만들고 있었는데, 그의 일행이 들어서자 일제히 눈을 자신들에게 돌렸던 진기한 모습에 놀라기도 했다. 일주일이 금새 지나가 집에 돌아온 바넘은 손수건과 양말을 잃어버렸다며 어머니에게 매질을 당한다. 하지만 뉴욕에서 보고 들은 신기한 것들에 대한 얘기 보따리는 그를 일약 인기 최고로 만들어버렸다.

그 후 바넘은 아버지가 운영하는 가게의 정식 점원이 되었다. 고향에 건물을 지어 두었던 아버지는 동업자 하이럼 위드와 함께 물건들을 잔뜩 사들이며 가게를 확장했는데, 일손이 필요했었다.

점원 생활을 하면서 바넘은 신바람 났다. 돈벌이 기질이 유난히 강했던 그였기에 귀에 펜을 꽂고 고객들을 응대하는 등 누구도 범접할 수 없을 만큼 프로였다. 일부 물물교환도 했는데, 이때 흥정하는 솜씨가 타의 추종을 불허할 만큼 뛰어났다. 특히 바넘은 어른들이 물건을 사는 동안 아이들에게 사탕을 사주도록 권유하는 등 이렇게 능력을 발휘하자 아버지에게서 청소년 고객을 대상으로 하는 사탕 판매를 독립적으로 운영할 수 있도록 허락받았다.

또한 그는 복권 사업에도 손을 댔다. 그는 주로 고향에 있는 모자와 빗 공장의 노동자들에게 복권을 팔았다. 그 무렵 그의 외할아버지가 복권 관리자로 임명되어 매력적이고 대중적인 복권을 개발한다. 이를 테면, '꽝'이 없는 복권인데, 추첨으로 당첨자를 가렸다. 지역 전체가 들끓을 만큼 성공적이었다. 그런데 당첨금에 문제가 생겨 외할아버지는 하루아침에 비열한 사람이란 비아냥거림을 받기도 했다. 아무튼 그는 이런 복권에 대한 관심이 많았던 터라 그가 다니던 아버지 가게의 골칫거리인 병과 양철제품을 복권을 통해 깨끗하게 팔아치운다. 외할아버지가 했던 방식에서 아이디어를 차용한 바넘의 복권이 불티나게 팔렸던 것이다. 이 일을 외할아버지는 아주 좋아했고, 그가 외할아버지를 빼다 박은 꼴이라는 사실이 입증된 셈이었다.

바넘은 일요일이면 언제나 교회에 나갔다. 고향 베설에는 교회가 하나뿐이어서 마을 사람들 모두가 그가 다니는 교회를 다녔는데, 교회라기보다 예배당에 가까웠다.

바넘은 어머니에게서 신약과 교리 문답을 배웠는데, 거기에 나오는 단어를 모두 외워 상을 타는 것이 꿈이었다. 모두 외우면 1밀(10분의 1센트) 가치의 상품권을 주었는데, 이 상품권을 모아 주일학교에서 파는 책을 사고 싶었기 때문이다. 책 한 권을 사려면 100밀은 족히 있어야 가능한데, 상품권 100밀 어치를 모으려면 2년은 걸려야 했다. 하지만 바넘은 작지만 노력에 대한 대가를 받고, 또 이 대가는 계속 노력하게 하는 자극제가 된다는데 만족했다. 교회 성경반에서 목사가 고른 성경 구절을 나름대로 설명하는 글을 쓰도록 했는데, 바넘은 늘 일 이등을 다툴 정도로 잘 썼다.

1825년 열다섯 살의 바넘은 마흔여덟의 나이로 세상을 떠난 아버지의 임종을 지켰다. 바넘은 의지처가 없어졌다는 생각에 두려웠다. 세상에서 버림받았다는 느낌이 들었다. 더욱이 아버지는 가족들이 살아갈 재산을 남겨놓지 않아 파산선고를 받았다. 하지만 어머니의 강한 생활력으로 2년 만에 집을 되찾았다.

이때 바넘은 저금했던 돈을 아버지에게 빌려줬지만 받을 수 없게 되어 무일푼으로 모든 것을 다시 시작해야 했다. 고향에서 1.5킬로미터 떨어진 한 상점에 점원으로 들어간 바넘은 근면하고 검소한 생활을 한 덕택에 돈을 조금 모았고, 고객들에게 귀여운 장사꾼으로 통했다.

여기서 그는 마차에 병을 가득 실은 한 행상과 흥정해 아무리 싸게 내놓아도 나가지 않던 상품과 맞교환했다. 난리가 났다. 가게주인은 이 많은 병을 어떻게 할 심산이냐고 다그치며 속았다고까지 했다. 하지만 그는 이미 물물교환 할 때 병 처분까지 생각해놓고 있었다. 아울러 가게의 골치 아픈 재고까지 처리할 요량이었다. 그 계획은 바로 복권이었다.

다양한 상품을 걸고 50센트짜리 복권을 발행하였는데, 복권은 불티나게 팔렸다. 그 결과 열흘 만에 유리병은 모두 처리됐고, 골칫거리인 먼지를 뒤집어 쓴 양철제품이 새 제품으로 바뀌었다.

그는 언제나 기발한 아이디어를 뽐냈다. 한 번은 식료품 가게이다 보니 아침에 일찍 일어나야 했는데, 경비에게 깨워달라고 부탁을 하면서 엄지발가락에 줄을 매어 당겨달라고 했다. 그런데 경비원이 줄을 너무 세게 잡아당겨 엄지발가락이 뽑힐 만큼 아팠다. 이후 그는 혼자 일어날 수 있게 되어 줄을 없앴다.

1827년 바넘은 예방주사를 맞았음에도 천연두에 걸리고 말았다. 그래서 엎어진 김에 쉬어간다고 그는 고향으로 가서 몇 주 동안 어머니와 함께 지냈다.

1828년 바넘은 외할아버지에게서 뜻밖의 제안을 받는다. 외할아버지는 그에게 편지를 보내 마차 차고의 절반을 주겠으니 장사를 해보는 게 어떻겠느냐는 제안이었다. 그래서 그는 외할아버지의 제안을 받아들이고 그곳에다 과일을 파는 상점을 열었다. 그는 가지고 있던 전 재산 120달러를 투자했다. 수수료 10%를 받는 복권 판매권까지 따냈다. 성공이었다.

이 무렵 바넘은 많은 복권 사업 기회가 있다는 얘기를 듣고 뉴욕을 거쳐 펜실베이니아 주 피츠버그를 방문했다. 필라델피아 호텔에서 난생 처음 근사한 대접을 받으면서 그는 일주일 동안 다양한 경험을 쌓았다. 그러나 너무 비싼 호텔비에 아연실색했다. 하지만 주머니에 있는 돈을 탈탈 털어 가까스로 지불했다. 다시 뉴욕으로 와서 뉴욕의 복권 운영자들과 교분을 쌓는다.

1829년 그는 몇 년 전부터 호감을 갖고 있던 처녀 재봉사 체어리 홀릿에게 청혼하였다. 체어리는 동네 사람들이 바넘에겐 분에 넘치는 규수라고 하였을 정도로 성실하고 똑똑한 여자였다. 바넘 자신도 20년을 더 기다려 다른 사람을 만난다고 해도 아내이자 어머니이자 친구인 그녀와 견줄 수 있겠느냐며 자신의 성격과 잘 맞는 훌륭한 여성이라고 고백했다.

그해 11월 7일 약혼녀가 친척집을 방문하기 위해 뉴욕에 가자 그는 물품 구매를 핑계로 뉴욕으로 가서 그녀와 조촐한 결혼식을 올린다. 당시 그의 나이는 열아홉이었다.

그리고 그의 사업은 점점 더 번창하여 고향 베설을 비롯하여 덴버리, 노워크, 스탬퍼드, 미들타운 등 여러 지역에 복권 판매소를 두었다. 그러면서 그는 뉴욕에서 책을 사서 전국을 돌며 경매로 팔기도 했다. 그러다 법과대학이 있는 코네티컷 주 리치필드에서 경매를 하다 도난당하는 일이 벌어지기도 했는데, 다른 지역에서도 그런 일이 일어나자 그는 미련 없이 책 경매업을 접었다.

또 이 해 이미 민주당을 강하게 지지하고 있던 그는 종교 열기가 과열해지는 상황이 되면서 종교라는 이름 아래 잔학한 행위가 자행되자 이에 맞서기 위해 신문을 만들겠다고 맘먹는다. 그리고 코네티컷 주의 덴버리에서 1831년 10월 19일 〈자유의 선구자(The Herald of Freedom)〉라는 주간 신문을 창간한다.

그리고 그는 고아 소년을 상대로 고리대금을 했다는 내용의 지역 교회의 장로들을 비판하는 기사를 썼다가 명예훼손 혐의로 고발당하여 기소로 이어졌고, 두 달 동안 투옥됐다. 그가 영어의 몸으로 투옥돼 있는 동안 오히려 신문의 구독자 수는 늘었다. 옥고를 치르고 석방되자 그는 대규모 군중의 축하를 받는 등 유명 인사가 되었다. 이 신문은 1835년까지 그가 경영하다 조지 테일러에게 매각했다.

1831년 바넘은 베설에 3층짜리 건물을 짓고는 앨러슨 삼촌과 함께 동업으로 잡화 가게를 열었다. 그러나 가게는 신통치가 않았다. 그리하여 그는 삼촌 지분을 인수했다.

1834년 말 그는 가게를 정리하고 가족과 함께 뉴욕으로 이사했다. 바넘이 이사한 직접적인 이유는 코네티컷 주에서 복권 사업을 금지하자 주수입원이 사라졌기 때문이었다. 그때 그는 자신이 도시로 간 것은 돈을 벌기 위함이라고 자서전에 밝혔었다. 뉴욕에서의 생활은 고향 베설에서 대리인이 그동안 깔아놓은 외상값과 채권을 해결해서 보내주는 돈으로 연명했다. 뚜렷한 일자리가 시급한 그는 고정월급보다는 얼마만큼의 기본급이 있고 성과에 따라 수당이 붙는 일자리를 찾았다. 그는 기질상 능력을 최대한 발휘하고 일한 만큼 대가가 주어지는 것을 좋아했다.

그러나 일자리는 쉽게 구해지지 않았다. 신문에 난 이런저런 구인 광고를 보았지만 신통치 않았다. 그러다 그는 박물관에서 소자본으로 사업을 벌일 수 있다는 광고를 보았다. 그는 오래 전부터 전시 관련 일을 하면 떼돈을 벌 것이라는 환상에 빠져 있었던 터라 박물관의 담당 교수에게 찾아갔다. 그런데 알고 보니 특수 현미경을 팔려는 미끼 광고였다. 그는 단칼에 거절하고 그 자리에서 나왔다.

그 후로도 그는 겨울이 다가도록 일자리가 쉽게 구하지 못했다. 하는 수 없이 그는 1835년 5월 1일 프랭크포트 가 52번지에 하숙집을 차렸다. 하숙집은 그럭저럭 됐으나 비교적 시간이 남자 그는 존 무디 씨와 공동으로 식료품 가게 지분을 인수했다. 그러다 그해 7월 하순 경, 고향 사람 콜리 바트넘이 찾아와 '조이스 헤스'(Joice Heth)라는 아주 특별한 흑인 여자의 지분을 갖고 있다고 했다. 조이스 헤스는 나이가 161세인데, 조지 워싱턴 장군의 아버지가 부리던 노예였다고 했다. 그리고 각 신문들이 이 노예를 소개하면서 관심을 보이고 있다고 했다. 그러면서 자신은 이런 일에 적성이 잘 맞지 않아 지분을 처분하려고 한다고 했다. 그 노파는 동업자가 데리고 필라델피아에서 공연하고 있다고 했다.

그러자 바넘은 즉시 필라델피아 메이스믹 홀에서 그 노파를 만나보고는 흥정을 시작하여 1천 달러에 구입한다.

바넘은 조이스를 뉴욕에 전시(찬송가 부르고, 사람들과 대화하고…이런 모습을 전시)하기 위한 준비에 들어갔다. 그리고 흥행사라는 새로운 직업으로 성공하기 위해 갖은 노력을 다했다. 바넘은 조이스의 짧은 전기와 초상화 그림을 넣은 소책자를 만들어 파는 한편 전단지와 포스터를 인쇄하여 곳곳에 뿌렸다. 제목을

조이스 헤스와 바넘.

'워싱턴의 보모'라고 달았다. 그의 예상대로 많은 신문에서 이 사실을 기사로 다루어주었다. 결국 전시는 대성황을 이루었다.

그러다 관람객이 점차 줄기 시작할 무렵 조이스 헤스는 사기라는 기고문이 한 신문에 실렸다. 그러면서 기고문은 조이스 헤스를 살짝 건드리기만 해도 움직이는 자동인형이라고 말했다. 그러자 이변이 일어났다. 사람들은 조이스를 외면하는 것이 아니라 되레 더 보려고 난리법석이었다. 이미 본 사람도 자동인형인지 아닌지를 확인하려고 다시 보러 왔다. 대성황이었다.

한 번은 올버니에서 전시를 했는데, 여기서 바넘은 극장 이브닝 쇼에서 시뇨르 안토니오가 공연하는 아크로바트를 처음

접한다. 이 쇼에 매료된 바넘은 마침 곡예사 안토니오가 재계약이 어렵다는 것을 알고는 1년 동안 경비와 숙박비는 물론 주급 12달러를 주는 조건으로 계약을 체결했다. 그러나 극장 계약이 쉽지 않았다. 공연장이 잡혀야 공연이라도 할 터인데 난감했다. 하는 수 없이 바넘은 1회 시연을 해보는 조건으로 한 극장과 계약을 체결했다. 역시 바넘은 이 공연을 성공시키기 위해 갖은 수단을 동원해 홍보에 열을 올렸다. 그의 예상대로 공연은 대성공이었다.

그런데 바넘은 조이스 헤스 문제 때문에 고민이 되었다. 비발라로 이름을 바꾼 안토니오의 공연이 더 흥행성이 높다고 판단됐기 때문이다. 그래서 그는 헤스 전시는 다른 사람에게 맡기고 자신은 비발라 공연에 충실했다. 여러 도시를 돌며 순회공연을 하며 많은 돈을 벌었다. 그러다 바넘은 워싱턴에서 공연이 시원치 않아서 죽을 쑤고 있는데, 하루는 공연석에서 비발라의 공연을 보고 있던 곡예사 로버츠가 공연이 시시하고 자신도 할 수 있다며 소란을 피웠다. 이 소란은 급기야 비발라와 로버츠의 500달러를 건 대결로 이어졌고, 극장은 이 대결을 보려는 관객들로 북새통을 이루었다. 묘기 대결이 성공을 거두자 바넘은 대여섯 번 더 묘기 대결을 실시한다.

한편 바넘이 다른 사람에게 맡겼던 흑인 보모 조이스 헤스는 1836년 2월 19일 바넘의 이복형 집에서 세상을 떠났다. 바넘은 한때 그녀를 구경하러 왔던 한 외과의사가 검시를 하고 싶다고 했던 말을 상기하고 그에게 연락했다. 그러자 외과의사는 검시를 받아들였다. 검시 결과 그녀는 161세는커녕 80세도 되지 않은 것으로 추정됐다.

그런데 그 검시에 참관했던 〈뉴욕 선〉 지의 편집인이 '발각된 대형 사기극'이라는 내용의 기사를 내보자 발칵 뒤집혔다. 그러자 이번에는 다른 신문에서 검시가 조작됐다는 기사를 내보내기도 했다. 검시를 둘러싼 신문들의 경쟁으로 미루어보더라도 헤스의 흥행성은 그 나름대로 충분한 의미를 지녔다.

바넘은 헤스 문제가 일단락되자 여러 극장에서 순회공연을 하는 등 비발라의 공연에 전념했다. 그러다 1836년 4월 서커스단 소유주인 애런 터너와 계약을 맺고 비발라를 그의 서커스단에 합류시켰다. 그때 바넘은 흥행사 터너에게서 많은 것을 배웠다. 그러다 1836년 12월 터너 서크스단이 해체되자 바넘은 말네 필과 마차 두 대를 인수받았고, 공연진 중 일부를 자신의 공연단에 합류시켰다. 이 공연단의 이름을 '바넘의 위대한 과학 뮤지컬 극장'(Barnum's Grand Scientific and Musical Theater)이라고 지었다.

　여러 가지 우여곡절을 겪으면서 바넘의 공연단은 다양한 곳에서 순회공연을 했다. 하지만 몇 가지 성가신 일이 생겨서 6개월 만에 공연단을 해산하였다. 이곳저곳을 기웃거리다 바넘은 6천 달러를 들여 증기선 '세레스 호'를 샀다. 그리고 세레스 호를 타고 강을 따라 내려가다 적당한 장소에서 정박하고 오락 제공 사업을 펼쳤다. 그런데 술 취한 관객들이 난동을 피우기도 하던 차 떠돌이 생활에 지친 바넘은 포기가 아니라 나중에 다시 할 요량으로 공연단을 해산한다.

　뉴욕으로 돌아온 바넘은 동업자를 구한다는 광고를 통해 만나게 된 프롤러라는 독일인과 흑색 도료, 가죽 방수제, 향수 등을 만드는 공장을 차려 동업을 시작했다. 몇 달간 사업은 그런대로 괜찮은 듯 보였으나 이내 자금이 바닥났다. 판매를 외상으로 했던 터라 원자재 물품비 납부일이 다가오면서 문제가 생겼다. 결국 1840년 1월에 사업을 정리했다.

　한편 바넘은 이 사업을 그만두기 전해인 1839년 봄 무렵에 존 다이아몬드라는 천재 춤꾼을 만난 적 있었는데, 그와 계약을 맺고 공연을 시작했다. 그러면서 춤뿐만 아니라 노래, 만담 등 다양한 공연을 펼쳤지만 그 사업도 시원치 않아서 1년도 안 되어 그만두었다. 그는 이때 고달픈 공연단 사업을 그만둘 작정이었다. 하지만 배운 게 도둑질이라고 결국 그는 가장으로서 책임을 다하기 위해 돈을 벌어야 했기에 공연 사업을 한 번 더 하게 된다.

그러나 공연 사업은 캐나다 토론토까지 이어지는 순회공연을 하며 나름대로 안정적으로 운영되는 듯했으나 공연자들이 하나 둘 이탈하기 시작했다. 이렇게 마지막이라고 생각하고 시작한 공연사업이 끝나는가 싶었는데, 조금씩 그 흐름이 나아지더니 급기야 비발라와 로버츠의 곡예 대결 때만큼이나 흥행이 되기 시작했다. 하지만 호사다마라 했던가. 유일한 춤꾼이 큰돈을 뜯어서 도망가는 일이 일어난다. 하는 수 없이 그는 공연 사업을 접고 1841년 4월 가족들이 있는 뉴욕으로 돌아온다. 뉴욕으로 돌아온 지 사흘 후 바넘은 500달러에 《시어스 그림 성경》 500권을 산다. 그리고 책을 파는 사무실을 열었다. 바넘은 광고까지 해가며 노력했기에 책은 많이 팔렸지만 직원들의 부주의로 수익은커녕 본전까지 잃게 된다. 하는 수 없이 바넘은 살롱을 빌려 공연 사업에 다시 나설 수밖에 없었다. 그래서 우선 입에 풀칠이라도 해야 해서 바넘은 극장의 광고와 공지 업무를 담당하는 일자리를 구했다.

이렇게 신문에 기고도 하며 살던 그는 아메리카 박물관에 진기한 소장품들이 매물로 나왔다는 정보를 접하게 된다. 소장품 가치가 5만 달러를 넘었지만 계속 적자가 나자 설립자의 상속자들은 1만5천 달러에 내놨다. 바넘은 구미가 당겼다. 이보다 안전한 투자는 없을 것 같았다. 그런데 문제는 자금이었다.

이런저런 고민을 하던 바넘은 박물관이 세 들어 있는 건물 주인에게 거래 조건을 담은 편지를 썼다. 그래서 그와 만날 수 있었고, 협상은 우여곡절을 겪으며 그런대로 서로 만족하는 조건을 절충하고 있었다. 그런데 건물 주인이 담보를 요구했다. 그러자 외할아버지가 물려준 땅이 불현듯 떠올랐다. 그리하여 건물 주인과는 계약이 성사됐다. 할부로 사는 조건이었다. 그런데 소장품은 이미 매매 계약이 이루어져 있었다. 바넘은 포기할 수 없었다. 그래서 소장품을 구입한 박물관 법인을 조사해봤는데, 설립자들이 투기꾼이었다. 그들이 헐값에 박물관 소장품들을 사들인다는 사실도 알았다. 그래서 바넘은 신문사를 찾아가 이 사실을 쓴 기고문을 실어달라고 부탁했다. 신문들은 그의 글을 실었다. 결국 그 법인의 주식은 휴지조각이 되었고, 그들은 잔금을 치르지 못해 그가 소장품을 손에 넣게 된다. 비록 빚으로 박물관을 샀지만 온 세상을 얻은 듯 기뻤다. 바넘은 박물관

수익을 내야 빚 갚는 것은 물론이거니와 가족들을 먹여 살릴 수 있다는 절박감에서 밥 먹을 시간도 낼 수 없을 만큼 바쁘게 노력하였다. 그래서인지 1년도 안 돼 빚을 다 갚고 박물관을 온전하게 자신의 자산으로 만들었다. 이후 바넘은 소장품을 두 배로 늘려가며 박물관을 확대, 발전시켰다.

그러면서 바넘은 박물관에서 저녁시간에 온갖 오락 프로그램을 공연했다. 공연도 점차 회를 거듭하면서 관객들의 관심을 끌었고, 관객들은 입장료를 지불하는 것이 아깝지 않을 만큼 볼거리나 구경거리가 풍성해졌다.

1842년 바넘은 그와 연관검색어가 될 만큼 사업에 상징적인 존재가 되는 '피지 인어'를 선보인다. 그는 우연히 어떤 사람이 갖고 온 인어를 보고 전시하겠다고 맘먹는다. 이 인어는 원숭이 머리에 물고기의 꼬리를 한 생물체였다.

바넘은 곧바로 이 사실을 신문에 기사를 써서 냈고, 많은 관심을 불러일으켰다. 바넘은 계속해서 신문에 기사를 내는 한편 사람들에게 알렸다. 대중들의 관심이 어느 정도 고조되었을 때 바넘은 마침내 브로드웨이 콘서트홀에서 피지에서 온 인어여서 '피지 인어'로 이름 붙여진 이 생물체를 전시한다. 피지 인어를 보려는 인파가 인산인해를 이루었다. 일주일간의 전시를 끝

피지인어.

내고 피지 인어는 바넘의 아메리카 박물관에 전시될 예정이었다. 그러나 홍보용으로 대형 걸개그림을 올렸다가 옛 주인의 항의를 받게 된다. 그래서 원주인에게로 되돌아간 피지 인어는 1855년에 가서야 그의 박물관에서 전시될 수 있었다.

1842년 11월 바넘은 올버니에 출장을 갔다가 코네티컷 주 브리지포트에서 하룻밤 묵었는데, 거기서 아주 작은 아이가 살고 있다는 얘기를 듣는다. 키가 60cm도 채 되지 않고 몸무게도 7kg정도 되는 난장이라고 했다. 바넘은 그 아이를 만났다. 그는 자신이 셔우드 E. 스크랜턴의 아들인 찰스 S. 스크랜턴이라고 소개했다.

바넘은 그 아이를 한 달간 고용하기로 하고 뉴욕에 도착했다. 바넘은 포스터에 그 아이를 동화에 나오는 엄지 장군으로 열한 살짜리 '톰 섬'이라고 소개했다. 바넘은 이 아이를 혹독하게 조련했다. 타고난 재능도 있었던 아이는 바넘의 혹독한 가르침을 받고 헤라클레스에서 나폴레옹까지 다양한 사람들의 흉내를 낼 수 있게 되었다. 이렇게 하여 톰 섬은 바넘의 박물관에서 공연을 시작했다. 그러다 미국 전역을 돌아다니며 순회공연을 하였다.

바넘은 1844~1845년 동안 톰 섬과 함께 유럽 순회공연을 가졌다. 런던에서 빅토리아 여왕을 만났는데, 여왕은 톰 섬을 보고 즐거워했지만 한편으로는 슬퍼했다. 그러나 이 일은 일대 사건으로 큰 관심을 불러 모았다. 그 결과 바넘은 윌리엄 셰익스피어의 생가를 살 수 있을 만큼 돈을 많이 벌었다.

돈이 좀 수중에 들어오자 바넘은 흥청거리며 시간을 보내기는 했지만 필라델피아에 있는 화가 램브란트 필 박물관을 샀다. 이 박물관은 최초의 국립박물관이었다. 1846년 말에 이르러서는 이 박물관의 관람객이 일 년에 40만 명을 기록했다.

1847년 2월 뉴욕으로 돌아온 직후 바넘은 유럽 순회공연을 성황리에 마친 톰 섬 장군을 자신의 아메리카 박물관에 등장시켰다. 4주 동안 초유의 관객을 모았다. 이후 톰 섬 장군은 그해 4월 워싱턴으로 가서 포크 대통령 부부를 접견하였다. 그리고

7월에 쿠바 아바나로 가서 공연을 한다.

쿠바에서 돌아와서도 쉴 새 없이 공연 사업을 이어나가던 바넘은 1948년 5월 톰 섬과 결별했다. 톰 섬은 대리인이 맡아 공연을 계속 진행하기로 한 약속에 따른 결정이었다. 바넘은 코네티컷 주 브리지포트에 있는 집으로 돌아가 1849년까지 특별한 일을 하지 않고 그냥 가족들과 함께 하며 시간을 보냈다.

1849년 바넘은 스웨덴 출신의 성악가 제니 린드와 손잡고 공연 사업을 재개하였다. 톰 섬이 영국을 순회공연 할 때 바넘은 '스웨덴 나이팅게일'인 제니 린드의 인기를 알게 되었다. 제니 린드의 커리어는 유럽에서 최고였다. 그녀는 관객들이 알아챌 만큼의 간절함과 성실함을 갖고 있었고, 가식 없이 솔직했고, 수줍어하며 독실하고 수정처럼 맑은 소프라노 목소리를 갖고 있었다. 그는 그녀에게 미국에서 150회 동안 1회당 1천 달러의 개런티로 노래를 부르라고 제안했고, 모든 비용은 그가 지불했다. 린드는 선불을 요구했다. 바넘이 이를 동의하자 그녀는 원칙적으로 스웨덴의 가난한 아이들을 위한 학교에 기부할 수 있게 되어 좋아했다.

바넘은 린드에게 돈을 지불하게 위해 집과 박물관을 담보로 잡혔다. 그럼에도 여전히 자금이 조금 모자랐다. 그래서 그는 린드가 미국의 도덕에 좋은 영향을 끼칠 것이라며 필라델피아 주지사를 설득했고, 주지사는 바넘에게 5천 달러를 빌려줬다. 이 계약으로 린드는 60~100번의 공연 후에 투어를 취소할 수 있는 선택권을 얻었다.

린드는 1850년 11월 배를 타고 미국으로 건너왔다. 그러나 그녀는 바넘이 몇 달간 준비하였기 때문

제니 린드과 바넘.

에 도착하기 전에 이미 유명인사가 되어 있었다. 항구에 4만 명 가까운 환영인파가 모여들었고, 호텔에도 2만이 더 모여 그녀를 환영했다.

언론의 취재도 물론 북새통이었다. 그런데 제니 린드는 바넘이 순회공연을 통해 얼마나 많은 돈을 버는지 알게 되자 1850년 11월 3일에 서명한 새로운 협정서를 요구했다. 이 계약은 각

공연마다 바넘의 5,500달러의 관리비를 제외한 나머지 수익금을 원래 공연료에 더해준다는 내용이었다. 바넘은 콘서트 티켓을 경매로 팔았다. 모자 제조업을 하는 제닌이라는 사람이 첫 공연 입장권을 225달러에 낙찰 받았다. 훗날 이 사실이 신문에 실려 제닌은 홍보 효과를 톡톡히 누린다.

제니 린드의 순회공연은 1850년 11월 11일 캐슬가든에서 시작됐다. 그리고 바넘의 투자비보다 4배나 많은 수익을 올리며 대성공을 거두었다. 미국에서 린드의 인기가 하늘을 치솟자 미국 언론들은 '린드 마니아'라는 용어까지 만들 정도였다. 뉴욕 공연 후 바넘의 회사는 대성공을 거두며 동부 연안을 순회했다. 그리고 나중에는 쿠바와 미국 남부 지역을 두루두루 순회했다. 순회공연을 하는 동안 바넘의 홍보는 언제나 린드의 현장 도착보다 앞서서 진행될 정도로 바넘은 열의를 다했다. 공연 계약은 애초 92회 하기로 했으나 대성공에 고무된 제니 린드의 요구로 100회까지 연장되었다. 그러나 제니 린드의 조언자 한 사람의 잘못된 이간질로 그만 바넘과 린드는 우정을 상하게 되어 1851년 6월 계약을 끝내게 된다. 린드는 바넘과 함께 93회를 미국에서 공연하여 36만 달러를 벌었다. 반면에 바넘은 적어도 순이익이 50만 달러에 달했다.

1868년 불이 난 직후의 아메리카 박물관.

한편 바넘은 태국의 샴쌍둥이 창과 엥 벙커(Chang and Eng Bunker)를 발탁하여 전시하기도 하였다. 이들 샴쌍둥이는 강에서 수영하다 스코틀랜드 출신 상인의 눈에 띄었고, 미국으로 귀화하여 공연을 하였고, 결혼과 많은 자식을 두었다.

다양한 공연사업을 하는 와중에도 바넘은 아메리카 박물관

만큼은 소홀히 하지 않았다. 유럽을 순회공연 할 때면 으레 짬을 내어 진기한 전시용품을 찾아 나섰다. 한 번은 셰익스피어 생가를 구입해 뉴욕으로 옮길까도 생각했다. 영국에서 심하게 반대해 결국 이 계획은 무산됐지만 며칠만 비밀이 유지됐다면 그는 엄청난 돈을 받고 되팔 수 있었을 것이다.

이렇듯 돈벌이에 천재적인 아이디어가 마르지 않았던 바넘은 아메리카 박물관에 중국관을 추가하는 한편 1849년엔 필라델피아에 새 박물관을 열기도 했다. 결국 나중에 시간과 돈이 많이 요구되어 팔긴 했지만 1851년 불이 나 전소됐던 점을 감안하면 그의 판단력은 늘 돈을 불렀다.

한편 바넘은 술이 끼치는 해악을 생각하여 금주운동에 나선다. 브리지포트에서 목사를 초청해 금주 강연을 시작했다. 목사는 술은 나쁘다는 점을 강조하며 적당히 마시면 된다는 생각이 금주에 더 나쁘다고 강조했다. 이 강연을 듣고 감동한 바넘은 자신의 음주를 반성하고 샴페인 병을 꺼내 모두 쏟아버린 다음 강연한 목사에게 찾아가서 금주 서약서를 쓴다. (그는 유럽에서 돌아온 후 술을 입에 대지도 않았다.) 이후 바넘은 나름대로 소명의식을 갖고 사람들에게서 금주서약서를 받기 시작했고, 스스로 코네티컷 주를 돌아다니면서 금주 강연을 했다.

1853년 그는 〈일러스티드 뉴스〉(Illustrated News)라는 주간 화보집을 창간했기도 했다.

1850년대 초 바넘은 코네티컷 주에 있는 동브리지포트 개발 사업에 투자하기 시작했다. 그는 또 제롬 시계 회사에 상당한 대출을 해 주었고, 제롬 시계 회사가 그의 새로운 산업 지역으로 옮겨가게 했다. 그러나 1856년 제롬은 파산했고, 바넘도 큰 손해를 보았다. 이 일은 4년간의 소송과 대중적인 모욕을 겪었다. 랠프 월도 에머슨은 바넘의 몰락은 "신들을 다시 보는 계기"를 보여주었다고 했고, 다른 비평가들은 바넘에 대한 도덕적 응징을 축하했다. 그러나 친구들은 그를 지지했고, 순회공연 중이던 톰 섬은 그에게 충실했고, 또 다른 유럽 순회공연을 준비했다.

1860년까지 그는 빚을 다 갚았고, 린덴크로프트라는 저택을 지었다. (마크 트웨인, 호리스 그릴리, 매슈 아놀드 등 저명인사들을 초청했던 이라니스탄 저택은 1857년 불타 버렸다.) 그리고 박물관의 소유권도 되찾았다. 그가 마법을 되살릴 수 없다는 비평가들의 예언에도 불구하고, 바넘은 더 성공을 이루었다. 그는 미국 최초로 아쿠아리움을 만들고 박물관에 밀랍인형 분야를 확장했다. 그의 '7대 그랜드 살롱'은 세계 7대 불가사의를 보여줬다. 그는 악당 갤러리를 만들었다. 수집품은 4개의 빌딩으로 확장됐고, 85만 가지 진기한 것이 담긴 《박물관 가이드북》을 출판했다.

한편 바넘의 서커스단은 베일리의 서커스단과 1881년 3월 28일에 합병한다. 베일리는 1806년 미국에서 최초로 서커스단을 설립했다. '올드 벳(Old Bet)'이라 이름 지었다. 그의 서커스는 조련된 개나 돼지, 말과 사두마차로 상징된다. 사실 바넘은 어린 시절 베일리의 쇼의 입장권 판매자로 일하기도 했었다.

1871년 댄 카스텔로와 윌럼 캐머론 쿱이 이미 위스콘신 델라반에서 시작한 서커스에 자신들의 이름과 노하우, 재정적 지원을 해주며 다시 돌아오라고 바넘을 설득했다.

이렇게 해서 결합한 쇼는 'P.T. Barnum's Great Traveling Museum, Menagerie, Caravan, and Hippodrome'라고 이름 지었다. 이 쇼는 지구상 최고의 쇼가 될 잠재력을 갖고 있었다. 실제적으로 전설적인 서커스의 이름이 되었다.

그런데 카스텔로와 쿱, 베일리는 제임스 쿠퍼와 함께 1860년대에 쿠퍼앤베일리서커스(Cooper and Bailey Circus)를 만들었다. 베일리의 서커스단이 더 잘 나가자 바넘은 서커스단을 그의 서커스단과 합병하려고 했다. 두 그룹은 1881년 서커스단을 결합하기로 합의했다.

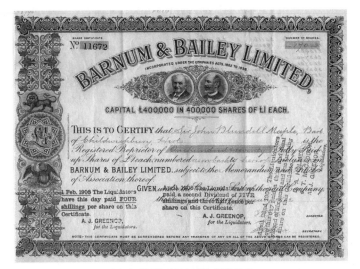

바넘과 베일리 서커스단의 합병 주식.

합병 서커스단의 이름을 굉장히 길었지만 간단히 '바넘과 베일리의 서커스(Barnum and Bailey's Circus)'라고 했다. 바넘이 죽자 베일리가 바넘의 부인으로부터 지분을 인수하였다.

'지상 최고의 서커스'라는 찬사에 걸맞게 이 서커스는 세계 최고의 서커스로 성장한다. 후에 링링 브라더스에 인수·합병되면서 1919년부터는 '링링 브라더스 앤 바넘 앤 베일리 서커스 (Ringling Bros. and Barnum & Bailey)'라는 이름을 걸고 전 세계를 순회공연했다.

지상 최대의 쇼를 강조하는 바넘 서커스단의 포스터.

바넘은 여러 권의 책을 썼다. 자서전 《바넘의 삶》(Life of P.T. Barnum, 1854)을 비롯하여 《세계의 협잡꾼들》(The Humbugs of the World, 1865), 《투쟁과 승리》(Struggles and Triumphs, 1869), 《돈 버는 방법》(The Art of Money-Getting, 1880) 등.

바넘을 더 성공적인 사람으로 만들어준 자기 홍보 방법 중 하나는 자서전 출판이다. 19세기 말 그의 자서전 판매부수는 북아메리카에서 신약 성경 다음가는 두 번째를 기록했다. 지금은 뮤지컬 영화 〈위대한 쇼맨〉(감독 마이클 그레이시)으로 만들어졌고, 우리나라에서는 2018년에 뮤지컬로 제작돼 성황리에 공연되기도 했다.

바넘은 종종 '협잡꾼의 왕자'로 간주됐는데, 대중들이 돈을 중요시 여기는 한 그는 상품 홍보에서 속임수를 활용하는 연예사업가 또는 판매업자일 뿐 그 외 아무 것도 아니었다. 그렇지만 그는 부정한 방법으로 돈을 번 사람들을 경멸했다.

바넘은 정치와 중요하게 얽혀 있다. 특히 미국 남북전쟁 기간 중에 발생한 인종이나 노예, 차별주의에 관심이 많았다. 코네티컷 주 상원의원을 지냈고, 1867년 하원에 입후보하였다가 패배했고, 1875년 브리지포트의 시장으로 당선되기도 했다.

"나는 직업적인 쇼맨이다. …그리고 모든 재산은 나에게 아무

것도 되지 않을 것이다."

바넘을 비판하는 사람들은 그의 개인적인 목표는 "자신의 금고에 돈을 넣는 것"이라고 말한다. 비록 그가 실제로 말했다는 증거를 찾기는 어렵지만 그는 지금 이 순간에도 속기 위해 태어난 대중이 있다고 말할 만큼 '속고 싶어'하는 대중의 심리를 간파해 사업에 접목시켜 대성공을 거둔 진정한 쇼맨이었다. 진정 흥행의 기술을 알고 있는 흥행의 마술가였다.

바넘은 1891년 자택에서 뇌졸중으로 사망했고, 그가 직접 설계한 브리지포트의 마운틴 그로브 묘지에 묻혔다.

* 바넘의 짧은 전기는 바넘의 자서전 《바넘의 삶》(Life of P.T. Barnum, 1854)과 위키피디아 등 인터넷에 있는 여러 자료를 참고하여 옮긴이가 재구성한 글이다.